겸손한 투자자

Copyright © The Humble Investor
All Rights Reserved
Originally published in the UK by Harriman House Ltd in 2025.
www.harriman house. com

Korean translation copyright ⓒ 2025 by Kugilmedia
Korean translation rights arranged with HARRIMAN HOUSE LTD
through EYA Co.,Ltd

이 책의 한국어판 저작권은 EYA Co.,Ltd를 통해
HARRIMAN HOUSE LTD과 독점 계약한 '국일출판사'에 있습니다.
저작권법에 의하여 한국 내에서 보호를 받는 저작물이므로
무단전재 및 복제를 금합니다.

— 투자 방식이 아닌 사고를 바꿔 투자에 성공하는 법 —

DANIEL RASMUSSEN
THE HUMBLE INVESTOR

— 다니엘 라스무센 —
겸손한 투자자

다니엘 라스무센 지음 · 최용석 옮김

국일증권경제연구소

머리말

시장은 호황에서 불황으로 급변합니다. 놀라운 성공을 거두던 투자 전략이 갑자기 무너져 실패하고 맙니다. 이러한 갑작스러운 패러다임의 전환을 예측하려는 시도는 많은 이들을 파멸로 몰아넣었습니다.

하지만 끊임없는 변화와 결코 예측할 수 없는 궤적이야말로 시장을 매우 흥미롭게 만드는 요소입니다. 투자자들은 다른 어떤 것보다도 시장에서 벌어지는 우연과 씨름해야 합니다. 그러나 대부분 투자자들은 바꿀 수 없는 것들을 받아들이기 보다는 운명과 씨름하고, 이해 불가한 것들을 합리화하려고 합니다.

인간은 정확성과 상관없이 예측하고 그 예측을 기반으로 계획을 세우려는 욕구 본능이 있는 것 같습니다. 심지어 우리에게는 모퉁이 뒤에 있는 것을 볼 수 있는 능력이 없다는 것이 자명한 상황에서도, 모퉁이 뒤에 있는 것을 볼 수 있는 능력이 있다고 느낍니다.

이를 위해 이 책은 겸손에 기반한 투자 이론을 개발하는 데 초점을 맞추고 있습니다. 이는 놀라운 사건들이 발생할 것이며, 세상을 이해하고 미래를 예측하는 우리의 능력에는 한계가 있다는 예상에 기초합니다.

유리를 통해서 보면 흐려 보입니다. 겸손하라는 것이 좋은 투자 결정을 포기하라는 것은 아닙니다. 가능한 것과 가능하지 않은 것을 정확히 판단함으로써 현명한 의사결정을 하면, 투기적 사건에 빠질 확률이 낮아질 것이라 생각합니다. 그리고 사람들이 과신할 때 이러한 지식을 활용해 투자기회를 찾아낼 수 있다면, 그들의 실수에 베팅함으로써 우위를 점할 수 있을 것입니다.

이 책은 매달 얼마를 저축해야 하는지, 또는 부자가 되기 위해 정확히 어떤 자산 배분을 해야 하는지를 설명하는 단순한 방법론에 관한 책이 아닙니다. 오히려 이 책은 경제학과 계량경제학 방법론을 역사 이해에 적용하는 '계량경제사' 장르로 분류하는 것이 가장 적합할 수도 있습니다. 즉 이는 엄격한 실증주의에 기반을 두고 장르를 넘나들며 투자를 연구하는 복합체라 할 수 있습니다.

저의 목표는 시장 내부의 작동원리를 분석하고, 논리, 인간행동에 대한 근본적인 이해, 그리고 예측이 종종 틀릴 수 있다는 사실(네, 이를 증명하겠습니다!)을 바탕으로 겸손한 투자자인 여러분들이 더 나은 투자 결정을 하도록 돕는 것입니다.

이를 위해 이 책을 3부로 나누었습니다.

제1부에서는 예측에 대한 최신 연구, 그리고 예측에 대한 우리의 미숙함을 투자에 적용합니다. 현대 금융이론, 즉 배당할인모형, 자본자산가격모형, 효율적시장가설을 알아보고, 이들이 왜 그렇게 자주 금융 시장 변동성을 설명하는 데 실패하는지를 살펴봅니다.

제2부에서는 개별 증권과 자산군 수준에서의 수익 요인들을 살펴봅니다. 주식 투자에서 수익 요인들의 역할, 국가 간 분산 투자, 채권 종목 선택을 살펴봅니다. 우리의 미래 예측능력에 대한 겸손함과 과거에 대한 깊이 있는 연구가 합쳐질 때 초과 수익에 이르는 길이 열릴 수 있다고 주장합니다. 이 과정에서 월가의 오만을 과감히 비판하고, DCF모형, 사모펀드, 기부금재단모형 및 월가의 다른 성역들을 비판합니다.

제3부에서는 마켓 타이밍, 거품, 위기, 그리고 이러한 종류의 사건들을 헤쳐나갈 때 자산군 수준에서 유효한 것과 유효하지 않은 것들을 논합니다. 모든 부분들을 서로 간 토대가 되어주고, 시장의 합의(consensus)와 다른, 시장 전체를 조망할 수 있는 포괄적인 사고에 이르도록 구성하였습니다.

이 책은 이들 모두를 경기 역행적 자산 배분 전략으로 통합하는 것으로 절정에 이르는데, 이 경기 역행적 자산 배분은 제가 요즘 연구하고 있는 분야이기도 합니다. 결국 투자에서 시장 합의가 가격에 이미 반영되어 있기 때문입니다. 돈을 벌기 위해서는 여러분의 견해가 시장 합의와 달라야 합니다. 하지만 그냥 반골을 위한 반골이 되는 것의 의미가 없습니다. 시장의 합의에 반하면서도 옳아야 합니다.

월가에서 바른 판단을 하는 가장 쉬운 방법은 우리가 모르고 예측할 수 없는 많은 것들을 정확히 파악하고, 자신 능력의 한계에 대한 인식이 덜 정확한 사람들을 상대로 베팅하는 것입니다.

사람들이 낡은 이론이나 과신에 빠진 예측으로 길을 잃을 때, 이 책은 여러분들이 놀라운 일들에 대비할 수 있게 하고, 예측할 수 없는 세상에서 우위를 점하는 방법을 위한 게임 계획을 제시할 것입니다.

들어가며

저는 지난 10년 동안 다양한 투자 논리들을 체계적으로 분석했습니다. 저는 브리지워터(Bridgewater)와 베인 캐피털과 같이 전통 있는 큰 회사에서 배운 것 외에, 수십 명의 매니저들을 인터뷰하고, 투자에 관한 학술 연구서를 깊이 있게 읽었습니다. 그리고 스탠퍼드 경영대학원 기숙사 방에서 제가 설립한 10억 달러 규모의 헤지펀드, 버데드 어드바이저스(Verdad Advisers)를 성장시키고 경영하는 것 외에도 투자에 관한 주간 연구 블로그도 운영하였습니다.

저에게 있어 가장 중요한 발견 즉 제 직업 경로를 바꾼 것은, 미래는 대부분의 투자자가 생각하는 것보다 훨씬 더 예측이 어렵다는 것입니다. 가장 돈 벌기 쉬운 시장은 사람들이 자신의 예측에 대해 지나친 자신감을 가지는 시장입니다.

시장에는 다수가 참가하고 있으며, 이들은 모두 자신만이 미래를 볼 수 있다고 생각하지만, 이들은 놀라울 정도로 자주 틀리곤 합니다. 이러한 인간의 실수는 제2장에서 깊이 있게 다루게 될, 준(準) 강형 효율적시장가설(EMH)이 일반적으로 맞고, 시장을 꾸준하게 이기는 사람은 극소수에 불과하다는 것을 의미합니다. 주의 깊지 않은 독자는 저를 위선자로 비판할지도 모릅니다.

이유는 제가 아무도 미래를 예측할 수 없다고 설명하고는, 모든 것을 예측하는 마법 같은 방법을 발견했다고 주장하고, 수동형(패시브) 투자의 우월성에 관한 보글헤즈(Bogleheads)의 주장을 받아들이면서도 능동형(액티브) 베팅을 하고, 능동형 베팅에 대해 수수료를 받는 헤지펀드를 운영하기 때문입니다.

시장을 이기기는 어렵습니다. 이유는 시장 예측에 뛰어난 예지력이 필요하기 때문이 아닙니다. 이는 오히려 제가 이 책에서 나중에 다룰, 큰 시장 변동은 잦은 예측 오류의 결과물이기 때문입니다. 효율적시장가설은 일반적으로 생각하는 것처럼 투자자들의 자존심에 가혹한 것이 아니라 오히려 관대한 것입니다.

우리가 보나 나은 의사설성을 하기 위해서는 성노야 어떻든 미래를 정확히 예측하는 것은 거의 불가능하다는 사실을 받아들여야 합니다. 그리고 우리는 미래를 예언하는 것으로부터 과거를 연구하는 것으로 눈을 돌려야 합니다. 우리는 금융 시장이 생산한 풍부한 데이터를 통해 시장이 어떻게 작동하는지, 전략에 따라 성적이 어떻게 달라지는지 가능한 모든 것을 배워야 합니다.

마크 트웨인(Mark Twain)은 역사가 똑같이 반복되지는 않지만, 종종 비슷한 흐름을 보인다고 했습니다. 우리는 계량경제학을 통해 역사의 흐름을 연구하고, 데이터 속에서 그 패턴을 포착한 뒤, 과거 지식을 체계적으로 적용하며 불확실한 상황에서도 현명한 결정을 하기 원합니다. 이 접근법은 (가능한 보편적인) 검증과 엄격한 논리를 결합하여 월가에서 제공하는 많은 함정을 피하고, 많은 전통적인 금융이론의 헛소리와 오류를 꿰뚫어 보는 데 도움이 될 것입니다. 저는 헤지펀드와 사모펀드에서 일하며 이런 높은 수준의 회의적 시각을 투자에 적용했습니다. 이는 시간의 시험을 견디는 자산 배분을 구축하는 데 필수적입니다.

개인적인 일화, 사례연구, 경험 등을 진실에 이르는 발판으로 삼는 대신, 저의 목표는 효과적으로 작동하는 규칙으로서의 합리적 근거를 규명하는 것입니다. 즉 과거 데이터를 연구하여 미래 의사결정에 도움이 될 수 있는 과거 패턴을 파악하는 것입니다.

저는 정량적 연구로 개별 규칙이 유효한지를 판단하고, 이 과정을 통해 잘못된 근거(단순히 과거 매출 성장이 좋았던 모든 기업을 매수하는 것)와 올바른 근거를 구분합니다. 저는 이러한 근거 중 최선의 것을 찾아내기 위해 알 수 있는 것과 알 수 없는 것이 무엇인지 연구해왔습니다.

이 접근법은 방법론적 이유뿐만이 아니라, 인간 심리의 근본적인 결함 때문에 선호됩니다. 되풀이되는 인간 심리의 역설은 상반되는 증거에도 불구하고, 우리는 특정한 상황에서 즉각적으로 판단하는 능력이 미리 특정 시나리오를 가정해 심사숙고한 규칙을 따르는 것보다 더 우월하다고 믿는 경향이 있다는 것입니다.

투자에서 가장 빠지기 쉬운 함정은 최근에 가장 좋은 성과를 낸 것을 매수하는 것입니다. 이는 능동형 운용사와 거래를 할 때 더욱 그렇습니다. 이 경우, 가장 성과가 좋았던 스타일에서 가장 성과가 좋았던 운용사를 선택하고 싶은 유혹입니다. 우리는 서로 다른 투자 전략들을 분류하고, 각 분류에서 가장 효과적인 방법을 평가하는 방법을 찾아야 합니다.

이렇게 하는 가장 좋은 방법은 인간 예측능력의 한계, 또는 심지어 급진적 겸손에 대한 현실적 이해에 기반을 두는, 이론상 초월적인 규칙의 보편화와 엄격한 검증입니다. 저는 제 경력에서 이에 헌신했고, 이것이 제가 이 책에서 여러분에게 보여주고자 애쓰는 것입니다. 저는 사례연구가 아닌 입증된 규칙을, 일화가 아닌 보편적 지식을 찾고 있습니다.

이는 대표성이 부족한 작은 표본보다는 가능한 가장 큰 표본에서 단순하고 진실한 법칙을 발견할 가능성이 훨씬 높습니다. 작은 표본에서는 무작위성의 힘이 궤변, 허위 관계, 그리고 거짓 진실을 만들어 낼 수도 있기 때문입니다. 겸손한 투자자는 이러한 접근을 통해 예상치 못한 세계에서 승리의 우위를 찾을 수 있습니다.

하지만 먼저 우리 인간이 예측에 있어 얼마나 형편없는지 설득해 보겠습니다.

— THE —
HUMBLE
INVESTOR

목차

머리말 004

들어가며 008

제1부　기초 다지기

제1장　예측과 현실의 만남　　　　　　　　　　　　019
제2장　시장에 관한 상아탑의 오해　　　　　　　　　034
제3장　불확실성의 이해　　　　　　　　　　　　　044

제2부　이론의 적용

제4장　주식에서 우위를 찾는 법　　　　　　　　　　057
제5장　지리적 분산: 모든 주식시장이 다 같지 않다　　085
제6장　사모펀드 거품　　　　　　　　　　　　　　098
제7장　채권 투자: 수익률이 아닌 신용 추구　　　　　122
제8장　사모 신용: 대출은 시한폭탄인가?　　　　　　138

제3부 　시간의 시험을 견디는 투자

제9장	마켓 타이밍은 가능한가?	155
제10장	거품은 예측 가능한가?	172
제11장	위기 투자	185
제12장	인플레이션 살아남기	218
제13장	경기 역행적 자산 배분	228

후기　248

감사의 말　253

제1부

기초 다지기

THE
HUMBLE
INVESTOR

제1장

예측과 현실의 만남

2006년 12월, 뉴욕 타임스는 1면에 셰일 퇴적층에서 석유를 추출하는 아이디어를 조롱하는 기사를 실었습니다. 이 기사는 미국 석유 생산에 실패한 여러 회사에서 임원으로 일했던 R. 글렌 보터(R. Glenn Vawter)에 초점을 맞추었습니다. 기사에서는 보터가 셰일 암석정원과 자신이 근무했던 파산한 여러 회사를 추모하는 셰일 암석 문진을 가지고 있음을 언급하며, 그를 '고통을 즐기는 사람'으로 묘사하였습니다.

미국의 석유 생산이 1970년에 정점을 찍었다는 것이 이 업계 종사자들의 공감대였습니다. 실제 2006년까지 생산량은 매년 1.5~2%씩 꾸준히 감소했습니다. 미국 에너지부의 통계 기관인 EIA(에너지 정보국) 전문가들은 2006년 에너지 연차 보고서에서 미국 석유 생산량이 2030년까지 감소할 것으로 예측했습니다. 그들은 "남아있는 재래식 육상 석유자원 기반이 상당한 양의 석유를 공급할 수 있는 새로운 공급원이 될 것으로 기대하지 않는다"라고 썼습니다. EIA는 2019년 이전 미국 셰일 석유 생산량을 0으로 예측했습니다.

그러나 결국 마지막에 웃게 된 것은 DOE(에너지부)나 뉴욕 타임스 기자가 아니라, 셰일 암석정원을 가진 그 사람이었습니다. 수압 파쇄 기술의 새로운 혁신으로 미국 에너지 생산자들은 셰일 매장지에 갇혀 있던 막대한 양의 석유를 채굴할 수 있게 되었습니다. 불과 1년 뒤인 2007년, EIA는 입장을 크게 바꿔 "더 빠른 기술 발전으로 미국 석유 생산량을 2030년까지 하루 최대 570만 배럴까지 끌어 올릴 수 있다"라고 추측하였습니다.

이후 몇 년 동안 셰일 시추업자들은 미국 내 석유 생산에 혁신을 일으켰습니다. 2015년까지 미국은 셰일 시추 혁명으로 하루 약 1,000만 배럴의 석유를 생산하게 되었습니다. EIA는 2013년까지 석유 생산이 하루 900만 배럴을 초과할 것이라는 시나리오를 포함한 적이 단 한 번도 없었습니다!

혁신적인 미국 에너지 기업들은 예언자들의 전망이 틀렸음을 입증했습니다. 그리고 과감하게 그 확률과 상반되는 베팅을 한, 즉 미국 석유 생산의 영구적 감소와 반대로 베팅한 이들은 큰 보상을 받았습니다.

미래 예측은 어렵다

전문가들이 미래를 예측하는 데 어려움을 겪는 분야는 석유 산업뿐만 아닙니다. 역사적으로 큰 사건은 거의 모두 다 우리를 놀라게 했습니다. 10년 전의 경제학 교과서에서는 일반적으로 마이너스 금리는 불가능한 것으로 보았습니다.

어떤 예측자가 2018년에 2020년이 되면 전 세계적으로 신종 감염병이 유행할 것이라 주장했겠습니까? 그리고 만약 어떤 예측자가 그런 주장을 했다면 누가 그를 믿었겠습니까? 누가 911 테러 공격을 예측할 수 있겠습니까? EIA 분석가들이 틀린 것은 그들이 어리석어서가 아니라, 정확한 예측이 불가능한 것, 즉 석유 생산량을 예측하려 했기 때문입니다.

월가 기업들은 미래 기업 수익을 예측하기 위해 엄청난 시간과 자금을 쏟아붓지만, 그들의 예측도 같은 문제에 직면합니다. 세 명의 저명한 금융학자, 루이스 K.C. 찬(Louis K.C. Chan), 제이슨 카르체스키(Jason Karceski), 요제프 라코니쇼크(Josef Lakonishok)는 1951년부터 1997년까지의 미국 주식을 분석하며, 어떤 기업의 과거 수익 성장률이 미래에도 지속할 가능성이 큰지 질문했습니다. 그들은 또한 월가 주식 분석과 가치평가 비율을 사용해 기업의 미래성장을 예측할 수 있는지도 물었습니다. 그들은 약 50년간의 데이터를 검토한 결과, 과거의 추세, 월가 분석가들의 예측, 그리고 시장 가치평가 비율에 내포된 어떤 예측도 미래성장을 예측할 능력이 전혀 없다는 결론을 내렸습니다.

"미래 수익 성장은 본질적으로 전혀 예측할 수 없었다."

실제, 연구자들은 각 회사의 수익이 GDP의 장기 평균 성장률로 성장할 것으로 보는 단순한 예측 규칙이 미래성장에 대한 분석가들의 예측치나, 시장의 가치평가 비율들에 내재된 값에 의존하는 것보다 더 정확했을 것임을 발견했습니다. 이는 주식 가치평가를 위한 현금흐름할인(DCF)모형 구축을 위해 월가 및 자산운용사가 고용한 수천 명의 분석가에게는 가혹한 결론입니다.

일본의 방대한 데이터가 이를 확인시켜 줍니다. 1974년 이후, 일본 은행은 1만 개의 일본 기업을 대상으로 광범위한 분기별 탄칸(TANKAN) 설문 조사를 시행해 왔습니다. 이 설문 조사는 99%의 응답률을 자랑합니다. 분기마다 기업 관리자들에게 다음 분기의 사업 환경이 현 분기에 비해 개선될지 악화할지 예측을 물어봅니다. 이는 아마도 세계에서 가장 포괄적이고 오랫동안 지속된 기업 기대치 설문 조사 중 하나일 것입니다. 그러나 향후 분기성과 변화의 방향을 정확히 예측한 관리자들의 비율은 단 39%에 불과했습니다. 해당 기업의 추정치는 사업 환경이 여전할 것으로 예측했을 경우의 총 예측 오차의 42배였습니다.

예측 실수는 정상이다

심리학 연구에 따르면 이러한 결과는 우연이 아니며, 세상이 어떻게 작동하는지(혹은 작동하지 않는지)에 대한 근본적인 진실을 말해줍니다. 인간이 미래를 예측하는 것은 거의 완전히 불가능합니다.

심리학자 필립 테틀록(Philip Tetlock)은 20년간 연구를 통해, 정치와 경제 분야 전문가 284명을 선정해 그들에게 다양한 사건들에 대한 확률을 물어보았습니다. 이들 전문가는 연구가 끝난 2003년까지 총 82,361개의 예측을 하였습니다. 가능한 세 가지의 시나리오 형식으로 미래를 예측하게 하였고, 각 시나리오 대한 확률을 추정하게 했습니다. 테틀록은 가능한 세 가지 시나리오 각각 33%의 확률을 부여하는 것이 전문가들의 예측에 의존하는 것보다 더 정확했을 것이라는 사실을 발견했습니다.

지그문트 프로이트(Sigmund Freud)는 심리학 연구를 인간의 자아에 대한 '가장 쓰라린 일격'이라고 했으며, 이는 코페르니쿠스(Nicolaus Copernicus)가 지구가 우주의 중심이 아님을 발견한 것이나, 다윈(Charles Robert Darwin)이 인간은 동물에서 진화했음을 발견한 것보다도 더 심한 것이었습니다.

그리고 테틀록의 심리학 연구는 실제 충격적입니다. 우리는 세상을 이해하는 데 있어 스스로 전문가라고 주장하지만, 우리의 전문성을 근거로 미래를 예측하는 경우, 결과는 너무 형편없습니다.

이후 경제학 분야에서 최연소 노벨상 수상자가 되는 케네스 애로우(Kenneth Arrow)는 제2차 세계대전 중 미 육군 항공대의 기상부에서 경력을 쌓기 시작했습니다. 이 부서는 장기적인 기상예보를 담당하는 곳이었습니다.

애로우는 예보를 분석했고, 그의 부서 예측이 단순히 과거 기록의 평균에 의존하는 접근법보다 나은 결과를 내지 못한다는 사실을 발견했습니다. 그와 동료 장교들은 이러한 발견을 고려할 때, 해당 그룹을 해산하고 그 인력을 재배치해야 한다는 일련의 보고서를 사령관에게 제출했습니다.

그들은 몇 달간 좌절감 속에서 대답을 기다린 끝에, 사령관의 비서로부터 짤막한 대답을 받았습니다. "사령관은 예측이 형편없다는 것을 잘 알고 있다. 그러나 기획 목적상 그들이 필요하다."

사람들은 계획하기를 좋아합니다, 심지어 결과가 좋지 않을 때도 그렇습니다. 예일대학교 학생들이 실시한 유명한 연구가 있습니다. 예일대학교 학생들과 쥐들이 대결하는 예측 능력 시험입니다. T자형 미로의 양쪽 끝에 두 개의 배식기를 설치했는데, 한쪽에서는 60%의 확률로, 다른 쪽에서는 40%의 확률로 먹이가 나왔습니다. 쥐들은 빠르게 60%의 확률로 먹이가 나오는 쪽을 선택하는 법을 배웠습니다. 반면 예일대학교 학생들의 정확도는 52%로 훨씬 나빴는데, 이는 그들이 무작위 분포에서 어떤 패턴을 찾으려 했고, 더 높은 확률로 먹이가 나오는 배식기에 집중하지 않았기 때문입니다.

우리는 계속 같은 현상을 목격합니다. 인간은 미래를 예측하는 자신의 능력을 과대평가합니다. 우리는 계속해서 부정확한 예측에 의존해 미래를 판단하는 오류를 범하며, 가장 큰 오류는 처음부터 정확히 예측할 수 있다고 믿는 것입니다. 우리의 겸손은 충분하지 않습니다.

경제학자 H. 우디 브록(H. Woody Brock)이 지적했듯이, '실수'와 '예측 오류'라는 단어는 현대 금융이론 교과서의 목차 어디에도 보이지 않습니다.

잘못된 예측이 시장 변동성을 키운다

오늘날 금융경제학에서 지배적인 학설은 효율적시장가설입니다. 이 가설의 핵심은 "가격은 언제나 옳다"는 것입니다. 더 공식적인 학술 용어로 표현하면, 이 가설은 자산 가격은 모든 가용 정보를 완전히 반영하고 있으며, 모든 투자자가 그 정보가 증권 가격 책정에 미치는 영향에 대해 동의한다고 주장합니다.

전문가들이 종목 선택에 매우 서툴다고 주장하는 한, 효율적시장가설은 꽤 잘 들어맞았습니다. 투자에서, 저비용 수동형 투자가 고비용 능동형 운용보다 더 좋은 성과를 낸다는 것보다 데이터로 더 잘 입증하는 이론은 찾기 어렵습니다. 수동형 투자의 증가는 일반 투자자 대중이 대체로 이를 파악하고 효율적시장이론을 받아들였다는 것을 보여줍니다. 이는 투자에 있어서 겸손함이 이룬 하나의 승리입니다.

하지만 개별적으로 틀린 예측들이 어떻게 예지력 있는 효율적인 시장을 구성하는지 설명할 방법을 찾기 어렵습니다. 아마도 군중의 지혜가 정말로 연금술처럼 작용하여, 개별적으로는 틀린 투자자인 납을 효율적 시장가격인 금으로 변환시키는 것일 수도 있을 것입니다. 하지만 만약 그렇지 않다면 어떻게 되겠습니까?

가장 흥미롭고 존중되는 효율적 시장에 대한 도전은 이들 벤치마크 지수들의 과도한 변동성으로부터 비롯됩니다. 결국 어제의 주가가 맞는 가격이었고, 오늘 아무런 뉴스도 없이 이 주가가 5% 올랐을 때, 오늘의 주가도 맞는 가격이라고 설명하기는 어려울 것입니다.

만약 시장이 효율적이라면 시장은 주로 미래의 배당금과 미래 이자율에 대한 뉴스에 반응해 움직여야 하고, 따라서 시장의 변동성은 대체로 수익과 이자율의 변동성으로 설명할 수 있어야 합니다.

예일대학교 경제학자 로버트 실러(Robert Shiller)는 시장의 변동성은 수익과 이자율의 기본 변동성을 훨씬 초월한다는 사실을 발견해 노벨 경제학상을 받았습니다. 실러는 과거 수익, 이자율, 주가 데이터를 분석한 뒤 완벽한 예측가치, 즉 모든 주식에 대해 완벽한 예측능력을 가정했을 때 지급해야 할 가치를 계산했습니다. 그는 이러한 방법으로는 주가 변동의 20%도 설명할 수 없음을 발견했으며, 배당금과 할인율의 변화만으로는 "주가 움직임을 결코 정당화할 수 없다"라고 결론 내렸습니다. 배당과 이자율 경로를 알 수 있는, 즉 미래에 대한 전지전능함이 있다고 해도, 시장 움직임의 극히 일부만 설명할 수 있다는 결론입니다. 따라서 이는 시장이 명확한 이유 없이 할인율을 요동치게 하거나, 아니면 현재 상황을 설명하는 다른 이론이 필요하다는 것입니다.

스탠퍼드 경제학자 모르데 하니 커츠(Mordecai Kurz)는 설득력 있는 설명을 제시합니다. 거의 모든 시장 참여자들은 주식 가격에 대해 거의 언제나 틀리는데, 이는 주식 가격에 대한 그들의 견해가 매우 다양하기 때문입니다. 그는 "믿음의 다양성이 보편적일 때, 거의 모든 대리자가 거의 항상 틀리게 된다"라고 쓰고 있습니다.

미래가 전개됨에 따라, 대안적인 미래는 배제됩니다. 미래를 정확히 예측한 소수의 투자자는 자신의 포지션을 유지하는 반면, 틀린 대다수의 투자자들은 새로운 상황을 반영하기 위해 거래를 합니다. 잘못된 예측과 현실 사이의 끊임없는 긴장은 변동성을 발생시키는데, 쿠르츠의 말을 빌리자면 이는 시장 작동방식에 내재하여 있습니다. 이 이론은 우리의 실제 경험을 상당히 잘 설명한다는 큰 장점이 있습니다.

우리 중에 경제나 특정 주식에 대한 예측 잘못으로 투자에 손해를 보지 않은 사람이 있을까요? 그리고 지난 몇 년 동안의 시장을 경험한 우리 중에, 1990년대 기술 거품 당시의 주식 시장이나, 2021년 인플레이션을 가격에 반영하지 못했던 채권 시장처럼, 시장이 때로는 매우 잘못될 수 있다는 결론에 도달하지 않는 사람이 있을까요? 저 자신도 말하고 싶지 않을 만큼 많은 투자 실수를 저질렀습니다.

만약 쿠르츠의 모델이 옳다고 한다면, 시장을 이기는 길이 있습니다. 비록 그 길이 뛰어난 지성과 판단력을 요구하는 좁은 길이라 할지라도 말입니다. 대부분의 시장 참여자들이 대부분 틀린다면, 승리로 가는 길은 시장에 반영된 예측을 분석하고, 투자자들의 의견이 낙관적이거나 비관적인 한쪽으로 너무 쏠릴 때 그와 상반되는 거래를 하는 것입니다. 이는 최고의 투자 전략이 뛰어난 재능, 통찰력, 예지력에서 나오는 것이 아니라, 우리가 미래에 대해서 얼마나 무지한지 받아들이고, 다른 사람들이 자신의 예측능력을 과대평가하는 경향을 이용하는 데서 나온다는 것을 시사합니다. 저는 이를 '오만에 대한 베팅'이라고 부릅니다.

개별 증권의 경우, 평가가치의 범위는 미래 수익 예측에 대한 우리의 무능으로 정당화될 수 있는 것보다 훨씬 더 넓습니다. 이 가치 프리미엄의 정당화는 시간과 시장을 초월해 기록으로 쉽게 찾아볼 수 있습니다. 자산군의 경우, 거품은 투자자 모두가 미래에 대해 같은 의견으로 흥분할 때 발생합니다. 예를 들어 닷컴 기업들이 세상을 장악할 것이라고 하거나, 모두가 전기차를 몰 것이라고 믿는 것입니다. 그리고 위기는 투자자들이 동시에 공황 상태에 빠져 미래 경제를 극히 비관적으로 볼 때 발생합니다.

겸손의 목소리는 묻습니다. "어떻게 확신할 수 있습니까? 미래에 그렇게 되지 않는다면 어떻게 되겠습니까?" 이 목소리를 따르는 것이 광기와 공황을 모두 성공적으로 헤쳐나가는 데 도움이 될 수 있습니다.

모든 예측이 틀릴 수 있지만, 일부 나은 예측도 있다

예측 정확성에 관한 연구가 시사하는 바에 따르면, 과거 장기간에 대한 연구에 기반한 모형이 직감이나 전문가의 판단에 의존하는 것보다 훨씬 더 나은 성과를 내는 경향이 있습니다. 예를 들어 주방 리모델링 비용을 예측하려면, 과거 유사한 주방 리모델링 사례들의 대규모 데이터 세트를 근거로 추정하는 것이 최선의 접근법입니다.

투자수익을 예측하는 경우, 다른 유사한 투자들의 성적에 대한 대규모 데이터 세트를 기반으로 추정합니다. 노벨상 수상자였던 고(故) 대니얼 카너먼(Daniel Kahneman)은 이를 '향상된 방법을 통해 예측의 정확성을 높이는 데 있어 가장 중요한 조언'이라고 했습니다.

우리는 우리의 경험을 데이터로 변환하고, 그 데이터를 연구하여 규칙을 도출할 수 있습니다. 사회과학에서 가장 잘 입증된 가설 중 하나는 임상적 예측을 능가하는 알고리즘 예측의 우수성입니다.

2000년, 미네소타대학교의 윌리엄 그로브(William Grove)가 이끄는 연구진은 150개 이상의 예측 과제에서 임상적(인간) 예측과 알고리즘(공식적, 통계적) 예측을 비교하는 메타분석을 실시했습니다.

이 과제에는 정신의학 및 의학적 진단, 교육 성과, 재무 성과 및 경제적 성과 등이 포함되어 있습니다. 그 결과에 따르면, 전문가들의 전문성에도 불구하고 이들 모든 분야에서 임상적 예측이 알고리즘보다 열등한 것으로 나타났습니다. 실제로 예측에서 단순한 알고리즘이 인간보다 우수한 성과를 보였습니다.

하지만 사람들은 알고리즘 예측의 우월성에도 불구하고, 알고리즘보다 인간을, 시스템보다는 전문성을 선호합니다. 학자들이 사람들에게 알고리즘이나 사람 중 하나에 베팅할 수 있도록 하는 심리학 연구했을 때, 사람들은 알고리즘이 더 나은 성과를 내는 것을 보고도 인간을 선호했습니다.

이 연구는 또한, 사람들은 어떤 좋은 프로세스가 실패하는 것을 보게 되면, 나쁜 임상 프로세스를 위해 심지어 좋은 알고리즘 프로세스도 버린다는 것을 보여줍니다. 이 연구 저자에 따르면, 사람들은 알고리즘의 오류에 대해 덜 관용적이고, 알고리즘 오류보다는 다른 사람의 실수를 용서할 가능성이 더 큽니다. 그 알고리즘이 오류를 범하는 것을 본 사람들이 대조군과 같은 비율로 그 알고리즘 모형을 선택하기 위해서는 그 모형의 예측능력에 대한 확신이 훨씬 더 커야만 했습니다.

사람들은 놀랍도록 사후 합리화(hindsight revisionism)와 변명에 취약합니다. 이는 데이터가 예측한 대로 나오지 않았을 때 제시되는 설명입니다. 뛰어난 예언자들은 미래를 예측하는 데 형편없지만, 과거 실패한 예측에 대해 그럴듯하면서도 과도하게 짜 맞춘 설명을 만들어내는 데 능숙합니다. 이는 반복된 실패에도 불구하고 미래에 대한 통제 및 장악력에 대한 환상을 유지할 수 있게 합니다.

이와 반대로 알고리즘은 설계상 이런 종류의 사후적 비판을 배제합니다. 알고리즘은 마치 세상은 무작위이며 일이 예상대로 되지 않았다는 것을 인정하는 아주 정직한 전문가와 같습니다. 이는 사람들이 그토록 갈망하는 통제의 환상을 파괴합니다.

아마도 이는 비합리적인 기대 때문일 것입니다. 우리는 펀드 운용사가 매년 벤치마크를 초과 달성하고, 알고리즘이 완벽하기를 기대합니다.

하지만 세상은 확률적으로 움직입니다. 우리가 찾는 것은 100% 정확한 결과가 아닙니다. 이는 과적합이나 순전히 우연의 일치로 인한 결과일 가능성이 큽니다. 우리가 찾는 것은 오히려 50% 이상의 정답을 제공하는 프로세스입니다. 이는 사고방식의 전환을 요구합니다. 즉 완벽한 알고리즘의 예측을 바라는 것, 변동적이고 역동적인 수익보다 안정적이고 원만한 수익을 선호하는 것에서 벗어나, 변동성 높은 세상에서 좋은 수익을 창출하기 위해 확률적 통찰을 활용하는 전략을 지향하는 것입니다.

이러한 전환을 위해서는 우리가 변동성과 오류를 인식하는 방식의 반전이 필요합니다. 우리는 우리 자신의 한계를 받아들임으로써, 다른 사람들의 실수와 한계를 더 정확히 판단할 수 있고, 따라서 세상을 더 정확한 기준으로 판단할 수 있습니다.

투자 목적을 위한 예측

개별 증권을 사고팔거나, 주식이나 채권 또는 대체 자산에 투자하든, 우리가 하는 모든 투자는 암묵적으로 미래 수익에 대한 예측을 요구합니다. 그 수익 예측은 장기 평균을 예측하는 것처럼 단순할 수도, 개별 증권의 수익을 예측하고 다양한 자산 클래스에 대한 투자 적기를 결정하는 것처럼 복잡할 수도 있습니다.

하지만 무가치한 예측에 의존하는 것은 시장에서 돈을 버는 방법이 되지 못합니다. 그리고 복잡한 투자를 헤쳐나가기 위해 우리가 사용하는 예측의 질을 평가하는 데 엄격해야 하고, 우리의 의사결정은 우리 자신의 능력에 대한 냉정한 평가를 기반으로 이루어져야 합니다.

우리가 씨름해야 할 과제는 이 세상은 대부분 사람이 생각하는 것보다 훨씬 더 예측 불가하다는 것입니다. 우리의 직관은 지난 과거를 기반으로 추론케 하고, 우리의 예측을 과신하도록 오도합니다. 현대 금융 시장보다 더 복잡하고 역동적인 시스템은 거의 없습니다. 그리고 어떤 투자를 위해 구체적인 사실을 모두 파악하는 것은 복잡한 일입니다. 그 이유는 그 시스템 자체가 복잡하고, 예측 불가한 미래 사건의 산물인, 알려지지 않은 사실에 의존하기 때문입니다.

하지만 우리는 가능한 한 많은 다양한 시장의 장기간 과거 데이터를 연구함으로써, 시장의 작동방식에 관한 다양한 가설들에 대해 엄격한 검증 및 반증을 시도할 수 있습니다. 통계적으로 유의미한 것으로 입증된 가설들은 참일 가능성이 크지만, 예측력에 있어 실패한 가설들은 반증된 것으로 기각할 수 있습니다. 이것이 좋은 투자 프로세스를 개발하는 기초입니다.

이는 개별 증권을 이해하거나 예측할 수 있는 우리의 능력은 제한적이지만, 시장의 작동방식에 대한 폭넓은 진실을 파악하고 이러한 확고한 기반으로 의사결정을 내릴 수 있다는 것을 인식한다는 점에서, 겸손에서 비롯된 프로세스입니다.

그러나 다음 장에서 보여드리겠지만, 현재 많은 월가 사고방식은 확고한 토대를 기반으로 하기보단 오히려 시장의 작동방식에 있어 반증 가능한 이론들에 의존하고 있습니다.

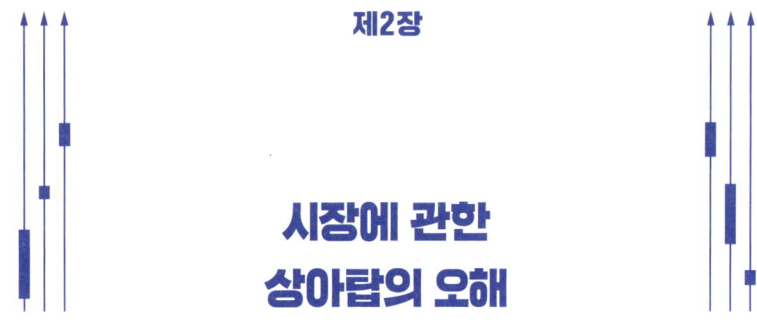

제2장
시장에 관한 상아탑의 오해

투자는 막연한 분석 게임이 아니라 메타분석 게임입니다. 여러분이 무엇을 생각하는지는 중요하지 않습니다. 중요한 것은 다른 모든 시장 참여자와 대비되는 여러분의 생각입니다.

따라서 승리하기 위해서는, 경쟁자들의 생각을 철저히 이해하고 그들의 대응을 예측할 수 있어야 합니다. 그리고 더 중요하게는, 그들의 실수를 이해할 수 있어야 합니다. 우리는 무엇보다 대다수 투자자가 금융에 접근하는 방식의 기초를 이해해야 합니다. 우리는 통념의 지적 토대를 이해해야 합니다. 정확히 말하면 이는 MBA와 CFA 커리큘럼에서 가르치며, 인기 있는 투자 책에서 요란하게 다루는 내용입니다.

현대 금융이론이 아무런 이유 없이 통념화된 것은 아닙니다. 핵심

모형들 각각에는 시장과 투자 세계의 틀을 설정하는 데 도움이 되는 깊은 통찰이 들어 있습니다. 특히 효율적시장가설의 경우, 이들 이론 중 어떤 것들은 실제 세상을 꽤 잘 예측합니다. 하지만 각 모델에는 문제점이, 때로는 중대한 문제점들이 있습니다. 우리는 이러한 결함을 진단함으로써, 이들 오래된 아이디어에 의존하는 시장 참여자들을 이기는 길을 모색할 수 있습니다.

존 버 윌리엄스와 배당할인모형

현대금융의 지적 기반은 존 버 윌리엄스(John Burr Williams)의 1937년 하버드 박사 논문을 바탕으로 한 책 『투자가치이론(The Theory of Investment Value)』에 있습니다. 이 야심 찬 학자는 과학적 사고를 통해 대공황 시기에 미국에 막대한 피해를 준 시장의 극심한 변동성을 종식하고자 했습니다.

윌리엄스는 1929년 주식 시장 붕괴의 실제 원인을 밝히는 것을 목표로 삼고 1932년 하버드에서 박사 과정을 시작했습니다. 2008년 금융위기가 당시 금융 분야에서 경력을 시작한 사람들의 마음속에 각인된 것처럼, 1929년 주식 시장 붕괴는 금융이론 개발을 시도했던 윌리엄스와 젊은 학자들에게 지울 수 없는 인상을 남겼습니다. 윌리엄스는 "지난 8년 동안 큰 주가 변동, 즉 1929년 최고점에서 80% 또는 90%까지 하락했다가 나중에 그 하락의 상당 부분을 회복한 것은 과거의 투자분석 관행에 심각한 결함이 있음을 고발하는 것"이라고 믿었습니다.

윌리엄스는 당시 많은 사람과 마찬가지로 기술 관료적 통치의 약속을 믿었습니다. 즉 세상의 문제들은 견실한 지성을 가진 사람들이 나무 패널 방에 모여 사회의 긴급한 문제들을 논의함으로써 해결할 수 있다고 생각했습니다. 따라서 윌리엄스의 배당할인모형과 투자가치이론의 적용 목적은 간단했습니다. 전문가들이 가격 결정을 담당하게 함으로써 시장의 과도한 변동성을 없애는 것이었습니다.

시장에서 증권 가격을 정하는 것은 거래자들의 일이 아니라 전문가들의 일이 되어야 한다고 생각했습니다. 윌리엄스는 이렇게 썼습니다. "거래소에 상장된 잘 알려진 모든 주식과 채권의 투자가치에 관한 정교한 논문들의 출판 시기가 무르익은 것 같다. 어떤 증권의 진정한 가치에 대한 최종적인 평가는 누구도 내릴 수 없겠지만, 특정 산업에 평생을 바친 사람들이 외부인보다 그 증권을 더 잘 평가할 수 있다."

윌리엄스는 이 새로운 전문가 중심의 접근법이 투자의 흥미를 훨씬 더 떨어뜨리는 것 외에도, 투자자 대중을 위해 '더 공정하고 안정적인 가격'을 가져다줄 것이라고 믿었습니다. 이들 전문가들에게는 그들의 공식만 있으면 되었습니다.

윌리엄스의 새로운 투자 과학은 현재 잘 알려진 배당할인모형이 특징입니다. 간단히 말해 이 모형은 증권의 투자가치는 "예상되는 미래 배당금의 현재 가치와 같다"는 생각을 계량화한 것입니다.

이 공식과 요구수익률이 있는 투자자들은 이제 미래의 배당금을 예측하는 방법만 있으면 되었습니다. 윌리엄스는 간단한 해결책이 있다고 믿었습니다. 투자자는 "앞으로 몇 년 동안 그 기업의 자산, 부채, 수익 및 배당금의 증가를 보여주는 예산을 수립해야 한다"라고 주장했습니다. 윌리엄스는 하지만 회계 장부 대신, 대수공식 사용을 제안했습니다. 윌리엄스는 로그곡선을 사용해 성장률모형을 만들 수 있다고 믿었습니다.

윌리엄은 이 로그성장률모형(Bain & Company 상담사들이 매우 선호하는 익숙한 S-곡선), 그리고 경쟁자 출현에 의한 성장 정체 이후의 '잔존가치'를 계산하는 몇 가지 추가 공식을 통해 기업의 실제 가치를 결정할 수 있다고 믿었습니다.

윌리엄스는 기업의 예산과 이 새로운 대수공식을 결합함으로써 '완전히 새로운 회계기법'을 제시했다고 믿었습니다. 윌리엄스는 자신의 새로운 기법의 아름다움에 거의 들뜰 정도로 흥분해서 "대수기호의 조작을 통해, 일반회계에서는 알 수 없는 성장의 경로(warp of development)를 시간의 가로축을 따라 쉽게 추적할 수 있다"고 했습니다.

윌리엄스가 살아서 현대의 엑셀 모형을 보았다면, 어떤 비유로 그의 문장을 꾸몄을지 상상만 할 수 있을 뿐입니다.

윌리엄스는 대수적 회계의 새로운 기법에 대해 철학적으로 논하면서도, 그 방법의 용이성에 대해 회의하는 사람들이 일부 있을 수 있음을 인정했습니다. 그는 이렇게 썼습니다.

"아무도 새로운 방법이 필요로 하는 만큼 미래를 멀리 정확하게 내다볼 수 없으며, 따라서 새로운 평가 방법이 기존의 방법보다 열등할 수밖에 없다고 반박할 수도 있을 것이다. 하지만 좋은 예측이 과연 그렇게 완전히 불가능한 것일까? 경험이 보여주듯이, 정확할 경우 선견지명으로 불리는 신중한 예측이 투자자들에게 매우 도움이 될 정도로 정확한 경우가 자주 있지 않은가?"

윌리엄스는 자기 모형의 주요 한계인 미래에 대한 불확실성을 인정했습니다. 그러나 그는 이는 또 다른 문제이지, 그의 아름다운 수학적 모형의 잘못이 아니라고 주장했습니다.

"투자 분석가든 엔지니어든, 실무자가 공식에 틀린 데이터를 사용한다면, 그것은 누구의 잘못도 아닌 그 자신의 잘못이다."

윌리엄스의 이론은 1929년 대공황의 혼란 속에서 발전했습니다. 동시대 실무자들에 대해 비관적인 시각을 가지고 있던 그는 "시장가격은 대중의 의견에 의존하며, 대중은 논리적이기보다는 감정적이기 때문에, 시장가격이 투자가치로 끊임없이 수렴해 갈 것으로 기대하는 것은 어리석은 일이다"라고 했습니다.

그러나 제2차 세계대전 이후 등장한 세대의 금융 연구자들은 더 낙관적이었습니다. 나치(Nazi)를 물리친 미국의 산업과 과학의 성공은 더 나은 수학과 계획이 인간사에 변화를 가져올 수 있다고 믿는 새로운 세대의 연구자들에게 자신감을 불어넣었습니다.

마코위츠, 샤프, 그리고 자본자산가격결정모형

해리 마코위츠(Harry Max Markowitz)도 이런 연구자 중 한 명이었습니다. 1927년에 태어나 전쟁 중 십 대를 보낸 그는 1940년대 후반 시카고대학교에서 경제학을 공부했습니다. 마코위츠는 시카고대학교를 졸업한 후 통계와 수학을 경제학 및 비즈니스에 적용하는 연구를 진행했는데, 처음에는 카울스 위원회(Cowles Commission)에서, 이후에는 랜드 코퍼레이션(RAND Corporation)에서 활동했습니다. 그는 기술 관료적이고, 군사 과학적인 기획기관들이라는 새로운 물결의 진원지에 있었습니다.

마코위츠는 윌리엄스적 사고의 핵심 문제점을 이해했습니다. 그는 1952년 논문에서 다음과 같이 썼습니다. "투자자는 할인된 수익률을 극대화한다(또는 해야 한다)는 가설(격언)은 거부해야 한다. 미래는 확실하지 않기 때문에, 우리가 할인해야 하는 것은 '예상' 또는 '기대' 수익률이어야 한다."

마코위츠의 관찰에 의하면, 윌리엄스의 이론은 위험과 불확실성을 고려하지 않고 "투자자는 모든 자금을 할인된 가치가 가장 큰 단일 증권에 집중 투자해야 한다"라는 의미입니다. 하지만 이는 상식에 어긋나는 것이었습니다. 해서 마코위츠는 윌리엄스의 이론을 업데이트하고자 했습니다. "분산은 관찰되기도 하고 합리적이다. 분산 투자의 우월성을 내포하지 않는 행동 규칙은 가설로서, 그리고 격언으로서 모두 거부해야 한다"고 주장했습니다.

분산 투자는 관찰되기도 하고 합리적이라는 이유에 대한 마코위츠의 설명에 의하면, 투자자들은 '수익률'과 '분산'을 모두 고려해야 합니다. 투자자들은 예상 수익률이 비슷한 다양한 증권들을 섞어 원하는 수익률을 달성하면서도 분산은 줄일 수 있었습니다. 그는 투자자들이 포트폴리오를 구성할 때 예상 수익률과 예상 분산의 균형을 계속 맞추어 나간다고 믿었습니다.

이 주장의 논리적 다음 단계는 다양한 자산 가격은 시장 균형을 유지하기 위해 예상 분산과 선형관계를 가져야 하고, 균형시장에서 더 높은 수익률을 얻기 위해서는 더 높은 분산을 감수해야 한다는 것입니다. 이것이 바로 마코위츠의 제자인 윌리엄 샤프(William Sharpe)가 개발한 '자본자산가격결정모형'의 논리였습니다.

샤프의 자본자산가격결정모형은 '위험이 존재하는 상황에서의 자산가격에 대한 시장균형이론'입니다. 그는 '자산의 수익률이 경제 활동 수준에 얼마나 민감하게 반응하는지가 그 자산의 위험을 평가하는 데 있어 중요한 유일한 요소'라고 믿었습니다. 자산 가격은 이러한 반응성의 정도와 예상 수익 간에 어떤 선형관계가 형성될 때까지 조정될 것입니다. 샤프는 시장에 대한 각 증권의 과거 분산을 살펴봄으로써 반응성을 측정했고, 이를 베타(beta)로 명명했습니다.

효율적시장가설의 부상

비교적 난해한 이들 모형이 모든 박사 과정과 MBA 프로그램에서 가르치는 현대금융 이론의 기초를 이룹니다. 그러나 유진 파마(Eugene Fama's)의 효율적시장가설만큼 실제 세계에서 인기를 얻거나 영향을 미친 이론은 없습니다.

1960년대 초, 파마는 금융 시장의 무작위성에 관해 연구하고 있었습니다. 가격 차트를 분석하여 투자 결정을 내리는 인기 있는 '차티스트' 접근 방식을 반박하려는 노력의 일환이었습니다. 그는 주가가 움직이는 방법에 관한 자세한 연구로 랜덤워크이론에 도달했습니다.

이 이론에 따르면 어떤 증권의 미래 가격의 경로는 누적된 난수들의 경로만큼 예측이 어렵습니다. 그는 그 이유에 대한 설명으로 노벨상을 수상했습니다. 그의 주장으로는 시장은 '효율적'이며, 이 말은 "이용 가능한 정보를 고려할 때, 모든 시점에서의 실제 가격은 내재가치의 훌륭한 추정치다"라는 것을 의미합니다. 이 이론에 따르면 가격은 이런 내재가치를 중심으로 무작위적으로 움직입니다.

파마의 주장이 갖는 중요한 함의는 종목을 선택하는 것, 즉 우월한 가격 예측을 통해 시장을 이기려는 시도는 어리석은 일이라는 것이었습니다. 파마는 1965년 한 작은 연구를 통해 뮤추얼 펀드가 시장 수익률을 이기지 못했고, 일관되게 계속해서 좋은 성과나 나쁜 성과를 낸 펀드가 없었음을 보여주었습니다.

현대금융이론의 절정은 놀랍도록 단순합니다. 종목 선택이나, 능동형 운용사 선택은 소용없습니다. 종목 선택과 능동형 운용은 수동형 지수를 통해 전체 시장을 소유하는 것보다 못하기 때문입니다. 투자자들은 더 이상 개별 종목을 분석할 필요가 없고, 대신 포트폴리오 분석에 집중해야 합니다. 파마는 포트폴리오 분석에서 별도로 세 개의 문제를 해결해야 한다고 설명합니다. 먼저 투자자는 위험과 수익에 대한 선호도를 결정해야 합니다. 그리고 증권을 위험 정도에 따라 분류합니다. 그리고는 위험 등급이 서로 다른 증권들을 어떻게 조합하여 위험과 수익이 다양한 조합의 포트폴리오를 만들 것인지를 결정해야 합니다.

이로써 마코위츠와 샤프의 아이디어는 자연스럽게 다음과 같이 귀결됩니다. 투자는 결국 평균과 분산의 최적화 문제이며, 이는 배당할인모형, 자본자산가격결정모형(CAPM), 효율적시장가설이라는 핵심 가정을 기반으로 합니다. 그리고 이는 뱅가드 그룹(VanguardGroup)의 창립자인 존 보글(John Bogle) 덕분에 지수 펀드를 통해 쉽게 구현할 수 있게 되었습니다.

학계의 합의된 견해는 전체 주식 시장과 전체 채권 시장 지수 펀드들의 어떤 조합을 보유하는 것입니다. 두 자산군 간의 정확한 비율은 나이나 위험 선호도에 따라 결정될 수 있으며, 1년에 한 번 재조정하고 마켓 타이밍을 시도하지 않는 것이 원칙입니다. 이 검증된 투자 전략은 대다수의 경제학자가 추천하는 방식입니다.

그리고 이 접근법이 가장 중요한 한 방법으로 유효하다는 것이 입증되었습니다. 파마의 논문이 발표된 이후 50년간의 데이터를 보면,

그가 주장한 "능동형 운용 뮤추얼 펀드가 시장 지수 수익률에 미치지 못한다"라는 사실만큼 금융 분야에서 명확하게 잘 입증된 실증적 발견은 거의 없습니다.

어떤 기준에서 보든, 어떤 자산군에서 보든, 어떤 하위 부문이든, 그리고 어떤 합리적 기간을 놓고 보더라도, 수동형 투자가 승자였습니다. SPIVA 연구진에 따르면, 2022년까지 지난 20년 동안 미국 내 각 펀드 부분(카테고리)에서 92%~95%의 펀드들이 벤치마크보다 못한 성적을 기록했습니다. 해외 주식 펀드들도 결과는 비슷합니다.

이러한 데이터는 투자 대중에게도 분명해졌으며, 이제 수동형 지수 펀드가 뮤추얼 펀드 자산의 대다수를 차지하고 있습니다. 2023년 기준으로 보글의 기업 뱅가드는 7조 달러가 넘는 자산을 운용하고 있었습니다. 지수 펀드의 빛나는 성과와 인기 상승은 효율적시장 가설의 현실 검증으로 볼 수밖에 없습니다.

이 장에서 저의 목표는 학계의 합의된 견해를 요약하는 것입니다. 이러한 합의된 견해의 상당 부분은 사실적 근거가 있습니다. 그러나 시장 작동방식에 대한 기존 설명에는 빠진 것이 하나 있습니다. 바로 예측 오류와 미래의 불확실성에 대한 인정입니다. 다음 장에서는 이 주제를 깊이 있게 탐구할 것입니다.

제3장

불확실성의 이해

만약 시장가격이 틀렸다면? 위험과 수익에 대한 좋은 모형이 없다면? 변동성과 상관관계가 안정적이지 않다면 어떻게 될까요? 로버트 실러(Robert Shiller)는 배당할인모형이 실패라는 것을 입증하여 노벨상을 받았습니다. 그는 미래에 대해 전지전능한 지식을 가지고 있더라도, 즉 배당과 이자율의 경로를 안다고 하더라도 이것이 설명할 수 있는 것은 시장 움직임의 아주 작은 일부에 불과하다는 것을 보여주었습니다.

미래 수익과 미래 이자율은 주가 변동을 설명하는 데 훌륭한 역할을 하지 못하는 것으로 보이며, 이는 배당할인모형을 주가 예측에 사용하는 것은 매우 문제가 많다는 것을 시사합니다.

마코위츠와 샤프가 예상했던 것과는 달리 분산으로는 주식 가격을 예측하지 못합니다. 노벨상 수상자인 유진 파마와 그의 연구 파트너 켄 프렌치(Ken French)는 40년 치 증거를 검토한 결과, 2004년 자본자산가격결정모형(CAPM)은 주식 시장에서는 그저 유효하지 않다고 선언했습니다. "CAPM은 매력적인 단순성에도 불구하고, 실증적 문제들로 인해 무용지물이 될 것이다."

이 모형의 핵심 예측, 즉 전체 시장 움직임에 대한 민감성 베타가 높은 주식일수록 더 높은 수익을 올려야 한다는 가설은 1972년 이후 아무 실증적 검증도 통과하지 못했습니다. 자산 가격 결정 방법의 핵심 모형은 기본적인 실증적 검증을 통과하지 못합니다. 주식 가격 책정 방법에 대한 통념(consensus wisdom)은 심각한 결함이 있는 것으로 보입니다.

이러한 모형들이 유효하지 않은 이유는 미래 예측의 어려움을 고려하지 않았기 때문입니다. 하버드 경제학자 래리 서머스(Larry Summers)는 "시장 가치 평가에 지속적인 커다란 오류가 포함되어 있다는 가설이 효율적시장가설만큼이나 실증적 가용 증거와 일치한다"고 했습니다.

예측 오류는 투자자들이 미래를 정확히 예측할 수 없다는 것에서 비롯됩니다. 돌이켜 보면 필연적으로 보이는 것들이 그 순간에는 우연적인 것으로 보입니다. 이는 토마스 울프(Thomas Wolfe)가 말한 '먼지 쌓인 세상에서 새로운 마법을 만들어내는 우연이 빚어낸 어두운 기적'이 만들어낸 산물입니다.

스탠퍼드 경제학자 모르데카이 커즈(Mordecai Kurz)의 이론, 즉 시장은 예측과 현실이 충돌할 때 발생하는 변동성의 산물이라는 이론을 생각해 볼 때 이는 시장이 얼마나 불확실하고 얼마나 잘못될 수 있는지에 대한 하나의 구체적인 예가 됩니다.

그렇다면 대안은 무엇인가?

예측 불가능성에 기반한 철학입니다.

1962년 그의 고전 『과학 혁명의 구조(The Structure of Scientific Revolutions)』에서, 과학 역사학자 토마스 쿤(Thomas Kuhn)이 과학자들은 관찰한 사실을 이해하기 위해 단순화된 모형을 사용한다고 주장했습니다. 이러한 모형은 이 틀을 의심하게 하는 사실들이 드러날 때까지 과학적 탐구를 위해 사용됩니다. 그리고 반증된 옛 틀을 대체할 새로운 틀을 개발하기 위한 과학적 혁명이 필요합니다.

경제학자 해리슨 홍(Harrison Hong), 제러미 스타인(Jeremy Stein), 지아린 유(Jialin Yu)는 시장도 비슷한 방식으로 작동한다는 이론을 제시했습니다. 투자자들은 개별 증권을 이해하기 위해 단순화된 모형을 만들어냅니다. 이러한 단순 모형이 틀렸음을 시사하는 사건이 발생하면, 투자자들은 과거 데이터에 대한 해석을 수정하고 새로운 모형을 개발해야 합니다. 주가는 새로운 모형에 맞추기 위해 극적으로 움직입니다.

투자자들은 메타 인식이나 메타 합리성이 부족하고, 여러 단순화된 모형 중에서 선택하고 있다는 사실을 스스로 깨닫지 못합니다. 왜냐하면 복잡한 모형은 다루기 어렵기 때문입니다. 우리는 합리적이지만 복잡성을 꺼리는 투자자들이 하는 것처럼 우리의 단순화된 모형과 설명을 대략적인 추정으로 여기지 않습니다.

대신 우리는 우리의 모형/설명(narratives)/이야기를 말 그대로 세계를 정확하고 완전하게 묘사하는 것으로 여깁니다. 그러다가 세상이 그렇지 않다는 것을 보여주면, 새로운 모형/설명/이야기를 적용하게 되고, 이는 반복됩니다.

세상은 무한히 복잡하므로 패러다임은 끊임없이 변하고, 예측은 단순화 없이는 불가능합니다. 주식 가격에 영향을 미치는 수많은 요인들을 생각해 봅시다. 중앙은행 정책, 자금 흐름, 신용 상태, 지정학적 사건, 유가, 주식 소유자들의 순환출자, 미래 수익, 경영진의 부정행위, 사기, 소송, 변화하는 소비자 선호 등. 어떤 주식 가격 모형도 이러한 모든 역학관계를 완벽히 포착할 수 없으므로, 대부분 투자자는 대신 투자 패러다임(인식의 틀)에 어울리는 배당할인모형에 의존합니다.

예를 들어 주식 시장에서 저평가된 성장기업을 찾는 성장형 투자자는 성장예측에 대한 패러다임과 배당할인모형을 결합하여 예상 성장률이 주가에 어떻게 반영되고 있는지 분석합니다. 그러나 이러한 배당할인모형과 투자 패러다임 모두 너무 단순한 나머지 틀린 것으로 입증되는 경우가 자주 있습니다.

의학의 첫 번째 규칙이 "해를 입히지 말라"라면, 투자의 첫 번째 규칙은 아마도 "유효하지 않은 모형에 의존하지 말라"가 되어야 할 것입니다. 시장을 이해하는 데 잘못된 틀을 버리고, 예측 오류가 어떻게 변동성을 초래하는지 이해함으로써, 우리는 어떻게 투자할지 이해하기 위해 더 나은 정신 모형을 구축할 수 있을 것입니다.

인간 심리는 투자에서 하나의 중요한 상수입니다. 이자율은 오르내리고, 주식 시장은 호황과 불황을 겪지만, 인간 심리는 결코 변하지 않습니다. 그리고 저는 사람들이 시장에 대해 어떻게 생각하고 반응하는지, 특히 투자자들이 가장 흔히 저지르는 실수를 연구하는 것이 예측 불가한 세상에서 우위를 가져다줄 수 있다고 믿습니다.

인간 본성이 시장에 미치는 영향

현재 AI 연구 회사 구글 딥마인드(Google DeepMind)의 CEO인 데미스 하사비스(Demis Hassabis)는 뇌의 회상과 예측 사이에 어떤 관계가 있다는 가설을 제시합니다. 그는 "과거를 기억하는 것과 미래를 상상하거나 시뮬레이션하는 것 사이에는 놀라운 유사점이 있으며, 기억과 상상의 기저에는 모두 공통된 뇌 회로가 있음을 발견했다"라고 주장합니다.

행동금융학의 개척자이자 지난 세기 최고의 금융 연구자 중 한 명인 안드레이 슐라이퍼(Andrei Shleifer)는 2015년에 한 연구를 발표했습니다. 그 연구에 따르면 투자자들은 최근 데이터로부터 미래 수익률을 추정하며, 이러한 과거 지향적인 예측에 따라 행동합니다.

슐라이퍼는 전문 투자자 및 상장 기업 CFO들을 대상으로 한 설문 조사를 분석한 결과, 그들의 향후 12개월 수익률 예측이 지난 12개월 수익률과 높은 상관관계가 있음을 발견했습니다. 최근 주식 시장 수익률이 나빴을 때 투자자들은 그 고통이 계속될까 두려워하고, 수익률이 높았을 때는 좋은 시절이 영원히 계속될 것이라고 기대합니다. 슐라이퍼는 또한 기업 경영진이 이러한 외삽적 예측을 바탕으로 투자 결정을 내린다는 것을 보여줍니다. 그들은 최근 마이너스 수익률로 인해 미래 수익률이 낮을 것으로 예상할 때, 사업 투자를 줄입니다. 투자자 기대, 투자 계획, 그리고 실제 자본지출 간에는 0.78의 상관관계가 있습니다.

이를 더 구체화하기 위해, 하버드대학교의 로빈 그린우드(Robin Greenwood)와 사무엘 핸슨(Samuel Hanson)은 35년간의 건화물 선박 가격과 선박 수익성 데이터를 연구하여, 이 오래된 복잡한 산업을, 그리고 가격과 투자의 과도한 변동성을 이해하려고 했습니다. 건화물 운송은 표준화되고 경쟁이 치열한, 경기에 가혹하게 민감한 산업입니다. 이 산업의 가장 큰 도전은 새 선박을 건조하는 데 18~36개월이 걸리는데, 이 선박 공급은 단기적으로 고정되지만, 화물 운송 수요는 매달 크게 변동한다는 것을 의미합니다. 이로 인해 해운 산업 경기는 주기적으로 극단적인 호황과 불황을 겪기 쉽고, 큰 부를 창출하기도 하지만, 파산하기도 합니다.

이 산업은 이러한 역학구조로 인해 비즈니스 사이클 및 경기의 호황과 불황을 초래하는 인간 심리를 연구하기에 아주 좋은 곳입니다. 그린우드와 핸슨은 이 연구에서 선박 가격이 현재 선박 수익성에 극도로 민감하게 반응한다는 것을 발견했습니다. 선주들은 현재 수익성이 미래에도 계속 지속할 것으로 가정하는 할인현금흐름모형에 기반하여 선박을 구매하는 것으로 보이며, 이 가정은 이 운송 산업이 겪는 변동성보다 훨씬 더 영속적입니다.

게다가 운송 회사들은 순이익이 가장 많이 나고, 중고 선박 가격이 가장 높을 때 새로운 선박을 발주하는 경향이 있다는 것을 발견했습니다. 이로 인해 선박 수익성이 많이 증가한 때로부터 18~36개월 뒤에 상당수의 새 선박이 인도되는 현상이 발생합니다. 운송 회사들은 발주할 때 경쟁사에 의한 새로운 선박 공급 유입 가능성과 그것이 가격에 미치는 예측 가능한 영향을 고려하지 않는 것처럼 보입니다. 이러한 선박 공급 증가로 인해 선박 수익성이 하락하는 경향이 있으며, 이는 중고 선박을 가격이 제일 높을 때 구매하고, 새 선박을 가격이 제일 높을 때 발주함으로써 미래 수익률이 마이너스가 될 수 있음을 의미합니다.

슐라이퍼의 행동금융이론에서 보았듯이, 투자자들은 최근의 결과를 기반으로 예측하고 이에 따라 행동합니다. 투자자 심리에 대한 새로운 모형인 진단적 기대(diagnostic expectations)에서 슐라이퍼는 자신의 이전 연구와 시장에서의 실증적 연구를 바탕으로 하는 다른 연구들을 참고하여, 투자자들이 과거의 데이터를 기반으로 예측을 할 때 단기적인 추세가 발생한다는 점을 다시 한번 강조합니다.

즉 긍정적인 소식이 더 많은 긍정적인 소식을 기대하게 해 가격 상승으로 이어지고, 부정적인 소식은 더 많은 부정적인 소식을 기대하게 해 가격 하락으로 이어지는 것입니다.

하지만 이러한 심리모형은 비합리적일 뿐만 아니라, 합리적 모형과 부의 상관관계를 가집니다. 예를 들면 합리적 모형은 가격이 낮을 때 더 높은 수익률을, 가격이 높을 때 더 낮은 수익률을 예측할 것입니다. 슐라이퍼 논문의 중요한 발견은 이들 상관관계가 체계적이고 반복적인 오류를 나타낸다는 것입니다.

특히 이러한 현상은 경기 호황기에는 과도한 낙관론이, 경기 불황기에는 과도한 비관론이 존재한다는 점과 일치합니다. 즉 과거 실적이 높을 때는 향후 실현 이익 증가율이 예상보다 낮고, 반대로 과거 실적이 낮을 때는 향후 실현 이익 증가율이 예상보다 초과하는 경향이 있습니다.

이는 시장이 단기적으로는 어떤 추세를 보이다가, 장기적으로는 평균으로 회귀는 경향을 보이는 이유를 설명해 줍니다. 우리의 뇌는 역사가 반복될 것이라고 기대하도록 프로그래밍되어 있습니다. 그리고 이는 사냥감을 추적하거나 열매를 채집할 때 매우 효과적이었는지 알 수 없지만, 이 인지 방식은 투자 결정을 내릴 때 예상 가능한 오류를 범할 수 있습니다.

선주들과 마찬가지로 투자자들도 주식 시장 타이밍을 놓치는 경향이 있습니다. 바닥에서 팔고 정점에서 사는 식입니다. 2024년 한 연구에 따르면, 주식 시장 투자자들의 수익률과 S&P500 지수의 수익률 간 격차는 연 1.1% 포인트였으며, 이는 투자자들이 매수와 매도의 타이밍을 잘못 잡아 수익을 놓치고 있다는 것을 의미합니다. 더 자주 거래하며, 자신이 '틀렸다'고 생각한 주식은 팔고 '맞을' 확률이 있는 새로운 '핫한' 주식으로 갈아타는 투자자들은 일관되게 더 저조한 성적을 보입니다. 평균적으로 매도한 주식의 성적이 매수한 주식의 성적보다 3.3% 더 좋습니다.

인간의 오류는 예측할 수 있다

이 연구가 제시하는 모형에 의하면, 사람들은 자신이 이해하는 것보다 훨씬 더 무작위적이고 잡음이 많은 데이터에 의미를 두며 어떤 패턴을 발견하려고 합니다. 그리고 그들은 이러한 단순한 모형을 사용해서 미래를 예측하려 하지만, 이들 모형이 예상보다 효과적이지 못한 것으로 드러날 때마다 계속 놀라게 됩니다.

투자자들의 사고 모형은 단순하고, 최근 기록, 추세를 외삽하고, 최근 효과적이었던 틀에 대해 과도하게 의존하는 경향이 있습니다. 이러한 세계관은 개별 주식, 심지어 전체 시장도 어느 방향이든 펀더멘털을 초월할 수 있다는 생각과 일치합니다.

투자자들이 일반적으로 최근에 좋았던 투자방식을 피하고 그간 좋지 않았던 투자방식으로 몰려가는 것이 좋을 수도 있지만, 너무 일찍 이렇게 하면 여전히 최근 좋았던 투자로 몰려드는 군중에 의해 압도당할 위험이 있습니다. 이는 자기 강화적이고 반사적인 성격을 띨 수 있습니다.

거품은 가장 똑똑한 사람들이 이를 거품으로 인식하는 시점을 훨씬 지나서도 계속 부풀어 오르는 경향이 있으며, 한때 외면 받았던 시장에 관한 관심을 되살리는 데 오랜 시간이 걸리고, 어떤 예상치 못한 계기가 필요할 때도 종종 있습니다. 따라서 시장은 상승할 때나 하락할 때 사람들이 상황평가를 제대로 할 때까지 '길고 가변적인 지연'을 겪을 수 있습니다.

이러한 인간행동 패턴은 예측 가능하며, 미래 성장률이나 이자율보다 훨씬 더 예측이 쉽습니다. 그리고 인간 실수를 예측할 수 있다면, 우리는 이러한 예측 가능한 실수로부터 이익을 얻는 방법을 찾을 수 있어야 합니다. 우리는 우리 자신의 능력에 대한 겸손을 시장에서의 우위로 바꿀 수 있어야 합니다.

이 책의 나머지 부분은 이러한 원칙의 토대 위에 구축된 투자 전략을 설명하는 데 할애할 것입니다.

제2부

이론의 적용

THE
HUMBLE
INVESTOR

제2부에서 보실 내용은 투자에서 기본적인 진실을 식별하는 구체적인 방법들입니다. 이 중 일부는 여러분이 배우면서 놀랄 수도 있고, 심지어 믿기를 꺼릴 수도 있습니다.

결국 제가 월가의 성역으로 부르는 것 중 많은 것들이 성역인 데에는 이유가 있습니다. 그리고 이들은 언젠가부터 공격이 거의 불가한 분산 포트폴리오의 구성 요소가 되었습니다. 하지만 곧 알게 되겠지만, 이러한 전략들은 시간이 지나면서 목표 초월은 고사하고 종종 목표에도 못 미칩니다.

예측, 투자에 관한 인간행동 메커니즘, 그리고 시장 작동방식에 대한 기존의 통념에 관해 우리가 알고 있는 것들을 바탕으로, 이어지는 페이지에서 소개하는 연구는 투자자들이 포트폴리오에 있어 승리의 우위를 가져다주는 것이 무엇인지 이해하고, 이를 적용할 수 있도록 하기 위한 것입니다.

저는 전통적인 60/40 자산 배분을 분석하여 미국 내/외를 막론한 주식, 채권, 사모 시장에서 예측, 모형, 심지어 전문가조차도 자주 틀리는 영역은 물론, 실증된 가장 좋은 기회들을 밝혀줍니다.

이 방법론을 반골적이라고 생각할 분도 계시겠지만, 이는 단순히 반대편에 베팅하는 것 이상의 의미가 있습니다. 이는 예측 불가능하고 끊임없이 진화하는 세상에서 올바른 투자를 찾아 장기간 보유하고, 잘못된 투자를 피하는 것에 관한 것입니다.

이제 본격적으로 살펴보겠습니다.

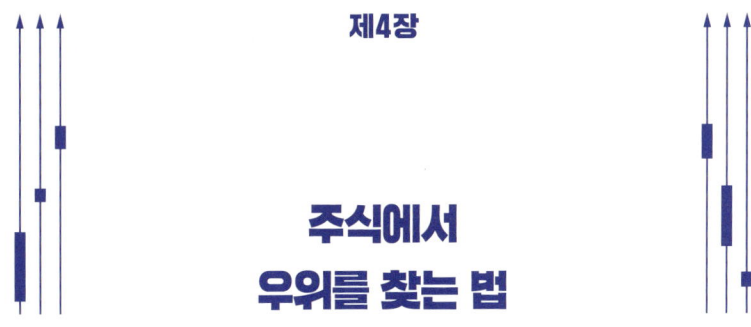

제4장

주식에서 우위를 찾는 법

　개별 주식의 가치평가는 대부분 미래 수익을 예측하는 것에 의존합니다. 이는 주식이 기업의 소유 지분을 나타내며, 이론적으로 주식 가치는 모든 미래 현금흐름의 현재 가치가 돼야 하기 때문입니다.

　하지만 앞에서 다루었고 이 장에서 자세히 설명하겠지만, 누구도 미래 수익을 정확히 예측할 수는 없습니다. 우리는 미래 수익을 어떤 정확도로든 예측할 수 없으므로 특정 시점에서 어떤 기업의 가치를 막연하게 파악할 수 있을 뿐입니다.

　개별 주식의 미래 현금흐름에 대한 이러한 불확실성으로 인해 주식 시장은 '무작위적으로 움직이고' 높은 변동성을 가집니다. 주식 가격이 크게 변동하는 이유는 개별 주식의 '적정 가격'에 대한 명확한 기준이 없기 때문입니다.

우리는 계속 뉴스에 놀라게 되고, 새로운 정보를 근거로 어떤 주식 가격을 재산정할 때 답할 수 없는 다양한 물음에 대해서는 추측을 할 수밖에 없습니다. S&P500이 다음 달에 오를지 내릴지, 또는 어떤 개별 주식의 가격이 다음 달에 어떻게 될지 예측하는 것은 불가능합니다.

따라서 대부분의 훌륭한 금융 조언은 투자자들에게 종목을 선택하기 보다는 분산된 지수연동형 펀드의 형태로 모든 주식을 매수하도록 권장하는 경향이 있습니다. 주식 종목을 선택할 수 없고, CAPM(자본자산가격결정모형)이 틀렸다고 가정한다면, 개별 주식의 예상 수익률이 어떻게 될지 알 수 없으므로, 이는 아주 타당한 논리입니다.

그리고 대부분의 훌륭한 금융 조언은 이러한 주식 지수연동형 펀드를 매수해 가능한 한 오래 보유하라고 합니다. 이는 단기 수익률을 예측할 방법은 없지만, 장기적으로 주식이 얼마나 수익을 줄지 어느 정도 감은 있기 때문입니다.

이러한 통념은 대체로 옳습니다. 따라서 대부분 주식 투자자들은 가능한 한 수수료가 낮은 수동형 지수에 대부분의 자금을 투자해야 하며, 거래는 절대 하지 말고, 매수해서 영원히 보유하는 것을 목표로 해야 합니다.

그러나 저를 포함해 우리 중 일부는 지수를 이기는 것에 관심이 있습니다. 이는 모두 애초에 금이 없었다거나, 더 똑똑하거나 더 일찍 움직인 사람들이 이미 금을 모두 채굴해 갔다고 말하는 개울에서 금을 찾는 것과 같습니다. 통념으로는 금을 찾는 것이 불가능한 곳에서 금을 찾으려면, 먼저 통념이 틀릴 가능성이 가장 큰 부분을 진단하고, 경쟁자들의 맹점을 이용할 전략을 개발해야 합니다.

이 책의 전제는 우리는 급진적 겸손을 통해 승리할 수 있다는 것입니다. 즉 미래의 예측 불가능성에 베팅하고, 사람들의 오만함에 맞서 베팅하는 것입니다. 사람들이 미래에 대해 확신할 때, 우리는 그 반대편에 베팅합니다. 과거 통계의 기본 확률은 '항상' 또는 '절대로'라는 말은 거의 하지 않기 때문입니다. 설사 그런 말을 하더라도, 이론적으로는 '검은 백조(예상치 못한 극단적 사건)'의 가능성을 열어 둡니다.

이것을 체계적으로 하기 위해서는 우리는 다른 투자자들이 어떤 특정 결과에 대해 얼마나 자신감을 느끼고 있는지 파악할 방법을 찾아야 합니다. 투자는 막연한 분석 게임이 아니라 메타분석 게임이기 때문에 우리는 시장이 어떤 가치를 반영하고 있는지 이해하고, 시장이 미래에 대해 지나치게 강한 견해를 가격에 반영하고 있는 경우를 찾아내야 합니다.

가치평가: 더 나은 베팅을 찾기 위한 가치 있는 도구

다행히도 우리에게는 그러한 지표가 있습니다. 바로 가치평가 배수입니다. 우리는 현재 수익(또는 EBITDA, 장부 가치, 또는 자신이 선호하는 손익계산서나 현금흐름 지표)을 취해, 시장에 있는 모든 기업의 현재 평가

가치와 비교해보면, 평가가치가 매우 널리 분포해 있음을 발견할 수 있습니다.

일부 주식은 학계에서 흔히 글래머 주식 또는 성장주라고 불리며, 터무니없이 높은 배수로 거래됩니다. 이러한 배수는 해당 기업이 상당한 성장을 해야만 정당화될 수 있는 수준입니다. 반면 다른 주식들은 흔히 가치주라고 불리며, 터무니없이 낮은 배수로 거래됩니다. 이러한 배수를 정당화하려면 해당 기업이 향후 몇 년 안에 극적으로 위축되거나 심지어 폐업할 가능성이 커야 합니다.

하지만 우리는 미래의 아마존(Amazon)을 고르는 것이 엄청나게 어렵다는 것과 끊임없이 파멸을 설교하는 시장 예언자의 미래 예측은 동네 바텐더 정도밖에 되지 못한다는 것을 직관으로 알고 있습니다.

따라서 종합하면 미래의 아마존처럼 가격이 매겨진 부류의 기업들은 일반적으로 과대평가되어 있고, 금방 망할 것처럼 가격이 매겨진 부류의 기업들(예를 들어 석탄 회사, 인쇄 회사, 내연기관차 부품 공급업체)은 일반적으로 저평가되어 있을 가능성이 크다는 예상을 할 수 있습니다.

이러한 직관은 아마도 주식 시장에 대해 알아야 할 가장 중요한 사항일 것입니다. 즉 주식 가격을 책정하고 예상 수익을 추정하는 가장 신뢰하는 방법입니다. 일반적으로 주식 시장에는 '가치 효과'가 존재하며, 싼 기업들이 비싼 기업들보다 장기적으로는 더 나은 성과를 내는 경향이 있습니다.

● 그림 4.1: 평가가치 5분위별 성적 (1973~2023)

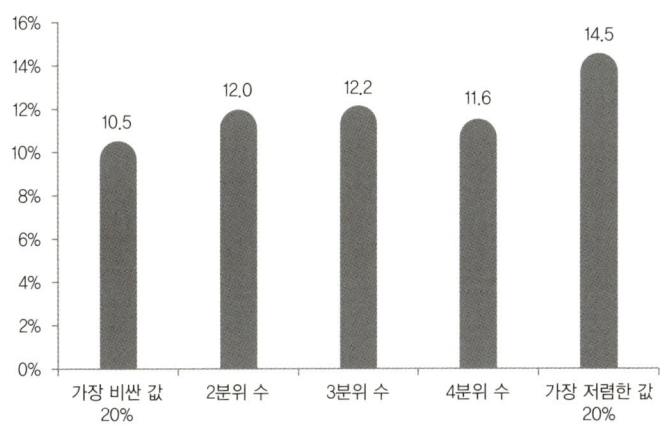

출처: Ken French Data Library

그림 4.1은 주식 시장을 평가가치에 따라 5분위로 나누어 보여주는데 가장 싼 주식들이 지난 50년 동안 가장 비싼 주식들보다 연간 400 bps 더 나은 성적을 냈다는 것을 알 수 있습니다.

여기에는 주의해야 할 세 가지 중요한 점들이 있습니다.

첫째, 기업규모가 작을수록 큰 규모 기업보다 가격 책정이 잘못될 가능성이 훨씬 높다는 것입니다. 기업 규모가 작을수록 가능한 결과의 범위가 훨씬 더 넓습니다. 아마존은 이미 아마존이지만, 매출 1억 달러인 회사는 비교적 단기간 내에 미래의 아마존이 될 수 있는가 하면 파산할 수도 있습니다.

대형주 상위 50%에도 가치 효과가 존재하지만, 그 차이는 170 bps에 불과합니다. 반면 소형 가치주 부문에서는 싼 소형주가 비싼 소형주보다 640 bps 더 나은 성적을 냈습니다. 오늘날 미국 주식 시가총액의 중앙값이 8억 달러를 약간 넘는다는 점을 고려할 때, 거래 비용과 수수료 등을 정당화할 만큼 충분한 가치 프리미엄을 얻으려면 포트폴리오 대부분을 초소형주로 채워야 한다는 것은 거의 확실합니다.

그림 4.2에서 시가총액 기준으로 하위 50% 주식은 회색으로, 상위 50% 주식은 푸른색으로 표시합니다. 왼쪽에서 오른쪽으로 이동하면서, 두 규모 범주 간 가치 프리미엄이 어떻게 차이 나는지 볼 수

● 그림 4.2: 평가가치 및 규모별 수익률 (1973~2023)

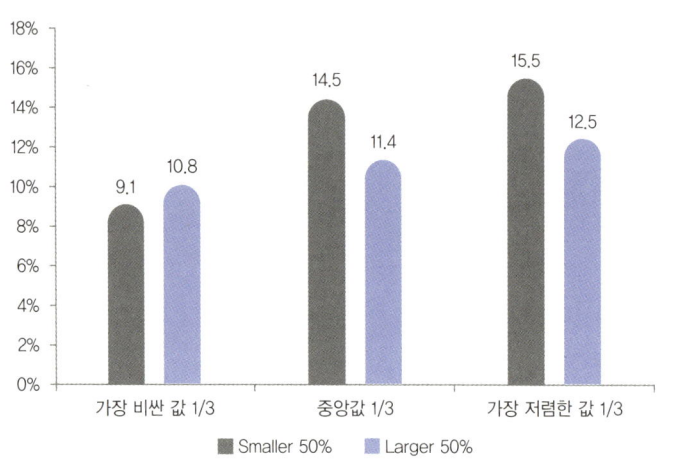

출처: Ken French Data Library

있습니다. 소형주들이 가치평가에 훨씬 더 큰 민감도를 보인다는 것을 알 수 있습니다.

둘째, 평가가치 범위가 실제 결괏값들의 범위보다 훨씬 더 넓다는 것입니다. 가장 비싼 4분위 주식은 가장 싼 4분위 주식 장부가치 배수의 거의 네 배에 거래되고, 과거 가장 싼 4분위 주식이 가장 비싼 4분위 주식들보다 약 40% 더 높은 수익률을 나타냈습니다. 하지만 여기서 평가가치 배수 네 배 차이가 400% 수익률 차이를 의미하는 것은 아닙니다.

시장은 일반적으로 기업들의 미래 현금흐름 성장을 꽤 잘 분류하고 있습니다. 시장이 완전히 비효율적인 것은 아니며, 단지 극단적인 경우에 틀릴 뿐입니다. 결국 미래의 아마존이 될 가능성이 있는 기업 중 하나가 실제 아마존이 되고, 이는 아마존이 되고자 했지만 되지 못한 기업들의 큰 손실을 만회합니다. 마찬가지로 일부 쇠퇴하는 기업들은 실제 파산하여 살아남은 기업들의 수익률을 끌어내리기도 합니다.

셋째, '성장'과 '가치' 범주는 고정된 것이 아니라는 것입니다.
사람들은 어떤 해에는 쇼핑몰에 대해 가장 비관적이다가, 다음 해에는 석유와 가스 주식에 대해 비관적일 수 있고, 그다음 해에는 또 다른 암울한 이야기로 옮겨갈 수도 있습니다. 어떤 주식은 수년간 고가를 유지하고, 또 어떤 주식은 수년간 저가를 유지할 수 있습니다. 하지만 시장의 합의된 견해(consensus)는 계속 변하기 때문에 가장 싼 주식과 가장 비싼 주식이 매년 같을 수는 없습니다.

제가 연구한 바로는 미국에서는 가장 싼 4분위 주식(가치주)의 약 25%가 12개월 후에 '핵심주'나 '성장주'로 재평가되고, 가장 비싼 4분위 주식(성장주)의 약 50%가 12개월 후에 '핵심주'나 '가치주'로 재평가됩니다.

즉 주식 시장의 방향은 예측 불가능하고, 개별 기업의 미래 수익도 마찬가지로 예측하기 어렵지만, 시장의 역사를 자세히 연구하면 몇 가지 반복되는 패턴을 발견할 수 있습니다. 그중에서 저평가된 주식이 상승하고, 고평가된 주식이 하락하는 현상은 전 세계 주식 시장에서 가장 강력하게 반복되는 특징 중의 하나입니다.

이는 일본, 유럽, 캐나다, 브라질 등 주식이 거래되는 곳이면 어디서든 관찰되는 공통적인 현상입니다. 이러한 패턴이 반복되는 이유 중 하나는 인간 본성의 일관성 때문입니다. 우리는 본능적으로 계획을 세우고 미래를 예측하려는 경향이 있으며, 기억 형성에 관여하는 뇌의 회로가 미래를 예측하는 데에도 그대로 사용되기 때문입니다. 우리는 최근의 경험을 근거로 미래를 예측하는 경향이 있습니다.

가치투자가 효과적인 이유의 핵심은 간단합니다. 분석가들이 예측한 미래 성장률은 가치평가 배수를 예측하는 데 가장 중요한 변수이며, 다른 모든 예측 변수들을 압도합니다.

하지만 루이 챈(Louis Chan)의 획기적인 2001년 논문 「성장률 수준 및 지속성(The Level and Persistence of Growth Rates)」에서 잘 보

● 표 4.1: 상위 4분위에서 시작하는 기업들의 지속성 (1997~2021)

항목	1년	2년	3년	4년	5년
매출	58.1%	31.0%	18.8%	12.0%	8.0%
우연과의 차이	8.1%	6.0%	6.3%	5.8%	4.9%
EBITDA	48.8%	23.0%	12.3%	6.8%	4.0%
우연과의 차이	-1.2%	-2.0%	-0.2%	0.6%	0.9%
EBIT	47.2%	22.2%	11.7%	6.5%	3.8%
우연과의 차이	-2.8%	-2.8%	-0.8%	0.3%	0.7%
EBT	45.1%	21.3%	11.3%	6.2%	3.6%
우연과의 차이	-4.9%	-3.7%	-1.2%	-0.1%	0.5%
기본 가정(우연)	50.00%	25.00%	12.50%	6.25%	3.13%

출처: S&P Capital IQ and Verdad Research

여주었듯이, 성장은 지속적이지도 예측 가능하지도 않습니다. 이는 성장률이 가장 높은 기업에도 해당합니다.

표 4.1은 챈의 원래 연구를 표본 외(out-of-sample) 방식으로 재현한 것으로, 전년도 성장률 상위 4분위에 속했던 기업들을 살펴보고 그중 얼마나 많은 기업이 이후 1년에서 5년 연속 중간 이상의 성장을 유지할 수 있었는지를 보여줍니다. 여기서 우연은 일련의 무작위 동전 던지기에 비유할 수 있습니다.

표 4.1의 맨 아래 행은 우연이 지배하는 귀무가설을 보여주고 있습니다. 이를 표 4.1의 다른 행들과 비교해보겠습니다. 2년 동안의

경우를 살펴보겠습니다.

우연의 경우, 상위 4분위 기업들의 25%가 이 2년 동안 중앙값 이상의 성장률을 보여야 합니다. 하지만 실제로는 EBITDA, EBIT, 또는 EBT 성장률에서 이 기준을 넘는 기업은 25% 미만입니다.

과거 상위 4분위 성적을 보인 기업들에 초점을 맞추면, 매출 성장에서 상대적으로 더 높은 지속성이 나타나는 것으로 보입니다. 하지만 손익계산서에서 투자자들에게 가장 중요한 이익 지표로 내려갈수록, 우연을 넘어서는 지속성은 0에 가까워진다는 것을 알 수 있습니다.

심지어 과거 상위 4분위 성장기업들조차도 세전 이익(EBT) 성장의 미래 지속성은 장기적으로 무작위 동전 던지기 결과와 구별이 안 될 정도입니다.

이 연구 결과가 시사하는 바는 매우 큽니다. 대부분 투자자는 과거 데이터를 기반으로 성장률을 예측하여 주식을 평가하지만, 이러한 과거 데이터는 미래성장에 대한 통찰력을 제공하는 데 거의 쓸모가 없습니다.

그 결과 약세에서 강세에 이르는 폭넓은 결과를 예측하는 어떤 특정 연도의 가치평가 배수들은 시간이 지나면서 같은 값으로 수렴됩니다. 이는 수익에 대한 본질적 불확실성이 미래 전망의 차이를 점차 잠식하기 때문입니다. 바로 이것이 가치투자가 효과를 발휘하는 이유입니다.

표 4.2는 시작 시점의 배수 5분위 별, 3년 예상 배수의 기본 비율을 보여줍니다. 여기서 기업가치 평가지표는 전체기업가치(TEV)를

● 표 4.2: 초깃값 5분위별 3년 예상 기업가치 배수 (TEV/EBITDA)

TEV/EBITDA		
분위	시작 값	예상 배수
1	5.8배	6.9배
2	8.2배	8.6배
3	10.5배	10.2배
4	14.3배	12.1배
5	29.4배	15.3배

출처: S&P Capital IQ and Verdad Research

EBITDA로 나눈 값입니다.

시작 배수들은 매우 넓은 분포범위를 차지하지만, 3년 후에는 중앙값을 기준으로 40% 정도 수렴합니다. 예상 배수들의 분포범위는 특정 연도의 배수 분포보다 훨씬 좁아집니다. 또한 흥미로운 점은 가장 싼 5분위의 예상 배수는 커지고, 가장 비싼 5분위의 배수는 작아진다는 것입니다. 특히 가장 비싼 20%는 주식의 배수가 크게 낮아집니다.

바로 이러한 기업들의 재분류, 즉 비관과 낙관의 끊임없는 변화가 새로운 기회의 지속적인 원천이 됩니다. 단지 이러한 기회들이 기회처럼 보이지 않는다는 것이 문제입니다.

크리스 메러디스(Chris Meredith)와 패트릭 오쇼너시(Patrick O'Shaughnessy) 그리고 제시 리버모어(가명)는 '기본부터 시작하는 요인분석(Factors from Scratch)'으로 불리는 아주 훌륭한 연구를 했습니다. 이 연구에 의하면 가치주는 일반적으로 펀더멘털이 약세이고, 시장은 그 약세가 지속할 것으로 예상하여 현재 수익에 비해 싸게 주식 가격을 매깁니다. 반대로 글래머 주식은 강한 성장을 하고 있으며, 시장은 현재 수익과 비교하면 매우 높은 가치로 주식 가격을 책정합니다.

하지만 1년 후에 다시 확인해보면, 가치주는 실제로 단기적인 약세를 경험했지만, 분석가들이 평균적으로 이제 훨씬 덜 비관적으로 변하면서, 결국 가치평가 배수가 현저히 높아집니다. 반대로 성장주들은 그 매력이 사라져, 단기적으로 강력한 성장을 보였음에도 불구하고 가치평가 배수가 크게 하락하는 경향이 있습니다. 이러한 현상은 표 4.2에서 볼 수 있습니다. 다만 이 표는 1년이 아닌 3년 동안의 것을 보여줍니다.

투자자들은 과거 수익을 미래 수익으로 투영하여, 가장 빠르게 성장하고 있는 기업 주식을 매수함으로써 가격을 밀어 올리고, 이전의 패자를 매도함으로써 가격을 끌어내립니다. 이들은 과거의 재무 상태가 그대로 미래로 이어질 것으로 기대합니다. 마치 2에서 4로, 8로 이어지는 것처럼 말입니다.

그러나 1~2년이 지나면 그들의 논리를 뒷받침했던 원래 데이터는 모두 변해 있고, 그들의 예측은 새로운 사실에 기반하게 되어, 당시에는 확실해 보이던 베팅이 이제는 훨씬 덜 확실해 보일 수도 있습니다. 투자자들의 열정이 전기차에서 암호화폐, 그리고 AI로 옮겨가는 경우처럼 그렇습니다.

이 반복적인 패턴은 매우 논리적이고, 장기간의 데이터가 이를 잘 뒷받침하고 있음에도 불구하고, 모든 사람이 이 전략을 채택하지 않는 이유에 대해 의아해지기 시작합니다. 진정한 가치투자자는 찾아볼 수 없을 정도로 드문 것으로 나타났습니다.

UC 버클리의 마틴 레타우(Martin Lettau)는 능동형 뮤추얼 펀드, ETF, 헤지펀드의 포트폴리오를 종합적으로 분석한 결과, 가장 싼 주식만을 전적으로 보유한 펀드는 사실상 없는 것으로 밝혀졌습니다. 실제 대부분의 '가치' 펀드는 포트폴리오에 싼 주식보다는 비싼 성장주를 더 높은 비율로 보유하고 있었습니다. 능동형 뮤추얼 펀드 포트폴리오는 이론 및 증거 상 가장 매력적인 미래 수익을 제공하는 가치주를 멀리하고, 비싼 성장주 쪽으로 너무 기울어져 있었습니다.

뮤추얼 펀드의 분포와 주식의 분포를 비교해보면 큰 차이를 확인할 수 있습니다. 능동형 운용사들은 가장 싼 주식(높은 장부가치/시장가치)을 거의 완전히 피하는 한편, 주로 더 비싼 주식(낮은 장부가치/시장가치)을 보유하고 있습니다.

그림 4.3은 장부가치/시장가치 비율(book-to-market ratio)에 따른, 뮤추얼 펀드 보유분과 S&P500의 보유분의 분포를 보여줍니다. 장부가치/시장가치 비율은 시장가치/장부가치 배수(price-to-book multiple)의 역수라는 점을 기억하십시오. 즉 도표에서 가치주는 높은 장부가치/시장가치 비율을 가집니다. 뮤추얼 펀드가 보유하지 않은 가치주는 도표의 오른쪽 부분입니다.

레타우(Lettau)와 그의 동료들은 헤지펀드와 ETF에서도 유사한

● 그림 4.3: 장부가치/시장가치 비율별 뮤추얼 펀드 보유와 S&P500 구성 (1980~2016)

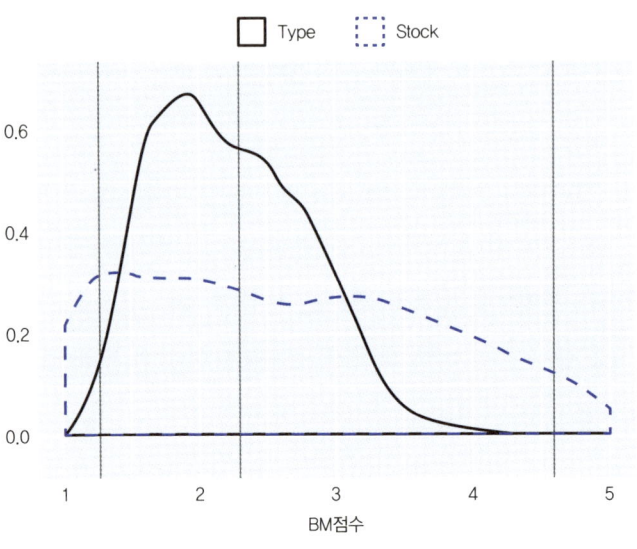

출처: Lettau et al., 「뮤추얼 펀드 포트폴리오의 특성: 가치 펀드는 어디에 있는가?」(2018)

결과를 발견했습니다. 그들은 학술 연구에서 정의된 가치 요인에 대한 실제 노출을 제공하는 뮤추얼 펀드를 찾는 것이 사실상 불가능하다고 결론 내렸습니다.

가치는 시장을 이기는 가장 잘 입증된 전략의 하나인데도, 능동형 운용사들의 포트폴리오는 비싼 성장주 쪽으로 치우쳐 있습니다!

이 수수께끼를 어떻게 설명할 수 있을까요? 왜 능동형 운용사들은 시장에서 가장 저렴한 두 5분위 주식을 거의 완전히 회피하고, 비싼 성장주 쪽으로 그렇게 심하게 치우쳐 있을까요?

잘못된 이론도 분명히 한 요인입니다. 비싼 글래머 주식은 높은 예측 성장률, 스타 CEO, 넓은 해자, 그리고 매력적인 이야기를 가지는 경향이 있습니다.

하지만 이 난해한 발견에 대한 가장 중요하고 과소평가된 이유는 구조적인 것일 수 있습니다. 표 4.3은 미국 주식 시장을 시장가치/장부가치 비율에 따라 10분위로 나눈 것입니다. 평가가치, 시가총액, 거래량 사이에는 강한 선형관계가 있습니다. 주식 시장에서 가장 싼 두 10분위는 시가총액 중앙값이 4억 달러 미만이고 일일 거래량 중앙값이 150만 달러 미만입니다. (반대로 가장 비싼 두 10분위는 시가총액

● 표 4.3: 평가가치 10분위별 미국 주식 시장의 서술적 특성

가치별 10분위 그룹		서술적 특성		
백분율	P/B	10분위별 시가총액 중앙값 ($백만)	10분위별 거래량 중앙값 ($백만)	내재 펀드 용량
10%	0.6배	$103	$0.30	$26
20%	0.9배	$353	$1.40	$115
30%	1.2배	$547	$2.20	$173
40%	1.5배	$645	$2.70	$216
50%	1.9배	$1,070	$5.40	$434
60%	2.5배	$1,395	$8.60	$687
70%	3.3배	$1,450	$9.00	$720
80%	4.6배	$1,843	$12.80	$1,024
90%	7.8배	$1,981	$15.30	$1,226
100%	291.6배	$2,672	$24.00	$1,917

출처: S&P Capital IQ 및 Verdad Research
참고: 내재 펀드 용량은 주식의 일일 거래량 중앙값의 세 배에 해당하는 것으로, 40개 주식으로 구성된 분산된 포트폴리오를 가정한다.

중앙값이 19억 달러를 넘고 일일 평균 거래량이 1,500만 달러를 넘습니다).

간단히 말해서 가장 싼 주식들은 규모와 거래량 측면에서 과도하게 작습니다. 이는 가격 오류가 가장 거래하기 어려운 주식들에 집중되어 있지만, 쉽게 매매할 수 있는 주식들은 과거 초과 성과를 낸 속성이 빠져 있다는 의미입니다. 그리고 운용 규모에 대한 규칙을 지키는 소규모 펀드만이 큰 비중의 운용자산을 이런 진정한 가치주에 투자할 수 있습니다.

그러나 이것이 투자자들이 가치주를 회피하는 유일한 이유는 아닙니다. 비록 가치주가 장기적으로 더 나은 성과를 낸다고 할지라도, 이 패턴은 대부분 사람이 가치주, 특히 변동성이 매우 큰 소형 가치

● 그림 4.4: 시간에 따른 가치 요인 성과

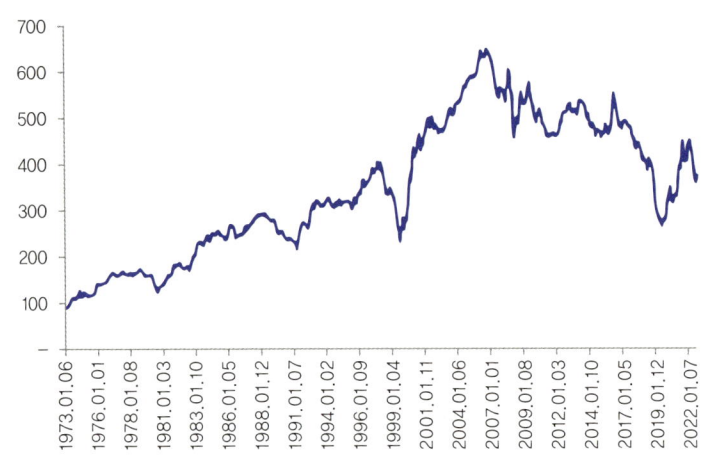

출처: Verdad Research, Ken French Data Library

주에 지속해서 투자할 만큼 충분한 지속적인 신뢰성을 가지고 있지 못합니다. 그림 4.4는 시간에 따른 가치 프리미엄을 보여줍니다.

그림 4.4에서 볼 수 있듯이, 가치투자 전략은 1973년부터 2007년까지 매우 좋은 성적을 냈지만, 2007년부터 이 글을 쓰는 2023년까지 마이너스 수익률을 기록했고, 특히 2018~2020년 기간 동안 거의 100년에 이르는 가치투자 기록상 가장 급격한 하락을 겪었습니다.

가치투자 옹호론 (최근 기록에도 불구하고)

2007년부터 2023년까지의 기간은 중대한 기술 혁명이 있었던 시기로 볼 수 있습니다. 2011년, 벤처 투자자 마크 앤드리슨(Marc Andreessen)은 미국이 "극적이고 광범위한 기술 및 경제적 변화의 한가운데에 있다"라고 주장했으며, 이 과정에서 '애플, 아마존, 넷플릭스와 같은 기업들이 미국 산업을 광범위하게 변화시킬 것'이라고 예측했습니다. 그가 "소프트웨어가 세상을 집어삼키고 있다"라고 선언한 것은 유명합니다.

앤드리슨의 예측은 선견지명이 있었습니다. 이러한 기술 혁신은 실제로 2010년대에 걸쳐 산업의 광범위한 영역을 변혁하며 기업 이익과 생산성을 이례적인 높은 수준으로 끌어올렸습니다. 2018년, 전미경제연구소(National Bureau of Economic Research)에서 발표한 논

● 그림 4.5: 1인당 획기적인 특허 개수 (품질 상위 10%)

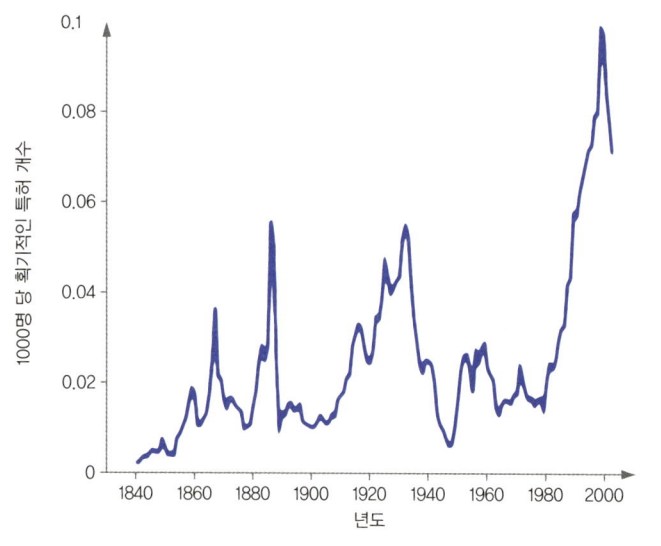

출처: Kelly, et al. 「장기 기술 혁신 측정」(2018)

문 「장기 기술 혁신 측정(Measuring Technological Innovation over the Long Run)」은 지난 두 세기(1840~2010) 동안 미국의 전 산업에 걸쳐 중요한 특허들을 분석했습니다. 그림 4.5는 1840년 이후 1인당 획기적인 특허의 개수를 나타낸 것입니다.

그림 4.5는 기술 혁신은 물결처럼 진행됐음을 보여줍니다. 혁신이 가속화되는 시기가 지나면 수십 년간 느린 혁신의 시기가 이어지다가, 결국 '다음 큰 혁신'이 등장하는 패턴을 보였습니다. 세 번의 주요 혁신 물결은 각각 다른 산업이 주도하였습니다. 1800년대 중반 후반에는 제2차 산업혁명 시기로, 전기와 철도 분야의 발전이 혁신

을 이끌었습니다.

1920~1930년대에는 제조업과 화학산업의 발전이 다음 혁신 물결을 주도하였습니다. 그리고 1980년대 이후 가장 최근의 혁신 물결은 주로 컴퓨팅과 정보 기술의 발전 때문에 이루어졌습니다. 역사는 이러한 기술 혁신 물결에 투자하는 투자자들에게 경고합니다.

기술 혁신 물결의 초기 몇 년 동안에는 생산성 향상이 주로 혁신을 주도한 기업들에 귀속되지만, 3~5년이 지난 후에는 비(非)혁신적 기업들도 새로운 기술을 도입하여 자체적인 생산성 향상을 경험하게 된다는 것입니다.

더욱이 혁신기업들은 자본이 넘쳐나, 중위(median) 기업들보다 투자 지출을 5~6% 증가시키는 경향이 있습니다. 반면에 비혁신기업들은 자본을 유치하기 위한 노력의 목적으로 자본 수익 분배 및 부채 상환을 늘리고, 지출을 중위 기업들보다 7~13% 줄이는 경향이 있습니다.

이는 혁신기업들은 과거 혁신으로 인해 주가가 상승하고 과잉 투자하게 되지만, 후발 기업들은 배당 및 자사주 매입을 늘리고 혁신 기술을 약간 늦게 채택함으로써 이익을 얻게 된다는 것을 의미합니다. 예를 들어 줌(Zoom)이 화상 통화가 쉽도록 함으로써 초기 이익을 얻었는지 모르지만, 다른 많은 기업은 재택근무 정책을 도입하여 사무실 공간을 줄임으로써 수익률을 개선할 수 있었습니다.

따라서 혁신의 물결은 일시적으로 성장주와 혁신기업들에 보상을 제공하는 경향이 있지만, 결국에는 가치주가 승자가 되는 경우가 많습니다. 이러한 현상은 이후 1990년대 기술 호황을 다룰 때 자세히 설명하겠습니다.

요약하면 기술 혁신의 물결 속에서 가치투자는 도전에 직면하지만, 실제 가치 프리미엄을 포착하려면 빈번한 포트폴리오 재조정과 변동성이 크고 유동성이 낮은 초소형주에 대규모 자본을 투자하는 과정이 필요하다는 것을 알 수 있습니다.

따라서 가치 전략이 효과적이라는 증거는 확고하지만, 이를 실행하는 것은 상당히 어렵고, 상응하는 프리미엄이 제공되지 않는 초소형주의 높은 변동성을 긴 기간 동안 견뎌야 합니다. 다행히도 가치투자가 유일한 주식 투자 전략은 아니며, 데이터로 입증된 보완적인 전략도 존재합니다.

수익성 투자: 장기 가치투자의 보완 전략

이 보완적인 전략은 총이익을 총자산으로 나눈 값으로 측정되는 강한 수익성을 가진 기업들을 매수하는 것과 관련이 있습니다. 이러한 기업들은 수익성이 있는 기업 또는 우량 기업으로 생각할 수 있습니다.

각각 1억 달러 가치의 공장을 소유하고 있는 두 개 회사가 있다고 가정해 보겠습니다. 첫 번째 회사는 그 공장에서 매년 6천만 달러의 총이익을 창출하고 있고, 두 번째 회사는 2천만 달러를 창출하고 있습니다. 두 회사가 모두 회사를 성장시키기 위해 투자한다면, 첫 번째 회사가 더 많은 이익을 창출하기 때문에 추가 투자로 더 높은 수익을 낼 가능성이 큽니다. 또한 경제적 불안정이 있을 때, 첫 번째 회사가 자산당 더 많은 이익을 창출하고 있으므로 상대적으로 걱정이 덜할 것입니다. 수익성이 높은 기업은 성장할 때 투자하는 것이 더 좋은 수익을 볼 수 있고, 어려운 경제 환경에서 더 강한 회복력을 보일 가능성이 큽니다.

이 전략이 효과적인 이유는 시간이 지나도 수익성이 지속되고, 가치평가 배수는 자산 수익률보다 성장에 훨씬 더 의존하는 경향이 있기 때문입니다. 이러한 수익성이 좋은 주식은 시가총액에 관계없이 고르게 분포되어 있으며, 대형주도 가장 수익성이 높은 기업 중에 들어있습니다. 또한 수익성은 평가가치에서도 고르게 분포되어 있어, 수익성 있는 기업은 성장주와 가치주 모두에서 찾아볼 수 있습니다.

수익성은 예상 수익률에 따라 주식 순위를 매기는 데 있어 가치투자만큼 유용합니다. 그림 4.6에서는 수익성(총이익/자산)과 가치(총이익/총기업가치)를 기준으로 주식을 10분위로 나누어 연평균 수익률을 1996년부터 2021년까지 비교해서 보여줍니다.

가치와 수익성 모두 상위 10분위에 해당하는 주식은 연평균 약 13%의 수익률을 기록하는 반면, 수익성 하위 10분위 주식은 6.0%의 수익률을, 평가가치 기준 최하위 10분위 주식은 3.4%의 수익률을 기록합니다. 이들 두 요인(가치와 수익성) 모두 상위 10분위 절대 수익률 측면과 10분위들의 수익 분포 측면에서 거의 동등한 효과가

● 그림 4.6: 수익성 및 가치 10분위별 연간 수익률 (1996~2021)

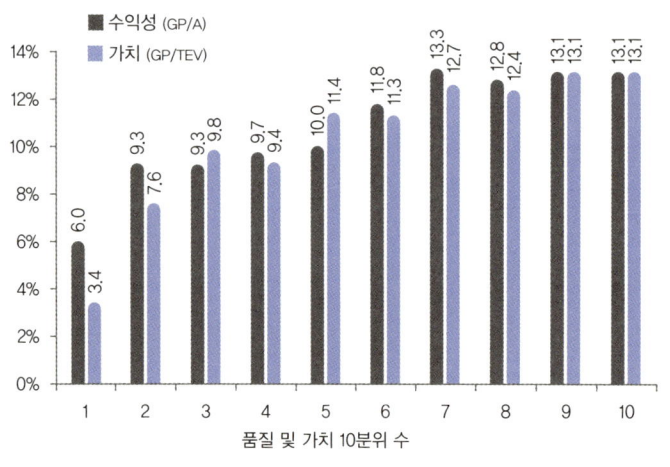

출처: S&P Capital IQ, Verdad Research
참고: 1996년 6월부터 2021년 6월까지의 데이터. 매년 6월 포트폴리오 재조정. 러셀 3000에서 금융 및 유틸리티 부문을 제외한 모든 기업. 시가총액이 3억 달러 미만인 기업은 제외.

있는 것으로 보입니다(6번째 10분위 아래에서 수익률 급격히 감소).

하지만 그림 4.6은 이 두 요인이 언제 효과를 발휘하는지에 대한 중요한 차이를 숨기고 있습니다. 이를 확인하는 한 가지 방법은 이들 요인의 시간에 따른 수익률 분포를 살펴보는 것입니다. 수익률 분포는 상위 20%(5분위) 기업의 성적에서 하위 20%의 성적을 뺀 값으로 측정합니다. 만약 이것이 유효하다면, 이 총수익률 지수는 상승해야 합니다. 그렇지 않다면 하락해야 합니다.

그림 4.7은 이들 요인의 수익률 차이를 보여주는 총수익률 지수입니다. 중요한 것은 선이 상승하는지 하락하는지 보는 것입니다.

● 그림 4.7: 수익성 및 가치 요인에 대한 상위 5분위와 하위 5분위의 수익률 차이 지수
(1996~2021)

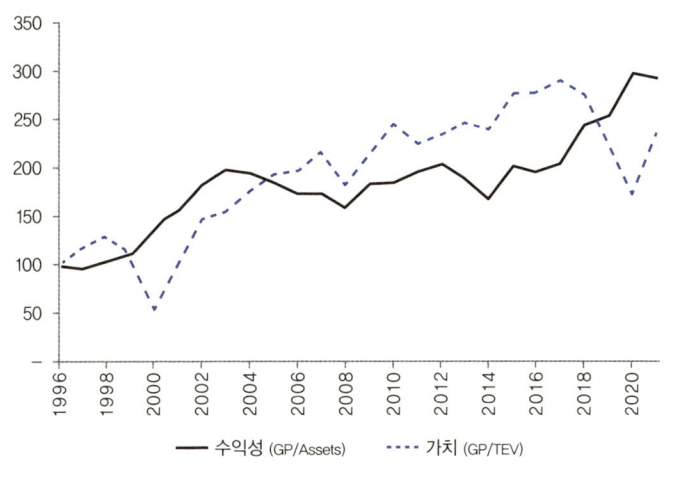

출처: S&P Capital IQ, Verdad Research
참고: 데이터는 1996년 6월부터 2021년 6월까지이며, 매년 6월에 포트폴리오 재조정. 러셀 3000에서 금융 및 유틸리티 섹터 제외. 시가총액 3억 달러 미만인 기업은 제외.

이 이야기는 설득력이 있습니다. 가치투자는 1997~2000년과 2018·2020년 사이 불황기에 접어들면서 매우 저조한 성적을 보였지만, 이 불황에서 벗어나면서 놀라운 성적을 보였습니다.

경기가 좋으면 가치투자도 좋은 성적을 보입니다. 반면 수익성 요인은 1997~2003년과 2017~2020년 사이에 좋은 성적을 보였지만, 2003~2017년까지는 크게 가치를 더하지 못했습니다.

그러나 중요한 것은 수익성 요인은 가치 요인처럼 매우 저조한 성적을 주기적으로 보이지 않았으며, 2000~2020년 불황 직전과 불황 기간에도 좋은 성적을 유지했다는 것입니다. 수익성 투자와 가치

● 그림 4.8: 수익성 및 가치 10분위별 평균 전체기업가치(TEV)/자산 비율

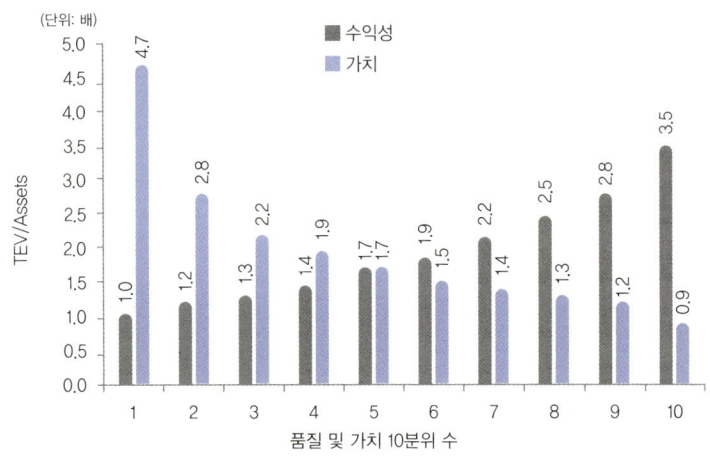

출처: S&P Capital IQ, Verdad Research

투자는 수익률 경로만 다른 것이 아닙니다. 이들 전략이 선택하는 주식의 유형도 매우 다릅니다. 우리는 수익성 및 가치 각 10분위 기업들의 평균 전체기업가치(TEV)/자산, 즉 자산 배수를 살펴봄으로써 이를 알 수 있습니다(그림 4.8 참조).

그림 4.8이 보여주는 것은 예상했던 바와 같이 가치 전략은 낮은 자산 배수를 가진 기업을 선택하는 반면, 수익성 전략은 높은 자산 배수를 가진 기업들을 선택한다는 것입니다. 수익성 상위 10%는 가장 싼 10분위 주식보다 3.5배 이상 높은 평가가치로 거래되고 있습니다.

수익성 전략과 가치 전략이 선택하는 기업들의 유형은 매우 다릅니다. 만약 가치와 수익성 모두 기업을 분류하는 데 유용하지만 서

로 선택 기업이 다르고 서로 다른 수익 흐름을 제공한다면, 수익률을 실현하는 메커니즘(원리)은 어떻게 될까요?

이 질문에 답하기 위해서는 수익성을 기반으로 하는 수익과 가치를 기반으로 하는 수익을 분해하여 그것들이 어디서 오는지 알아야 합니다. 수익을 분해하기 위해, 얼마나 많은 수익이 자산 성장, 수익성(GP/자산) 변화, 그리고 배수(TEV/GP) 변화에서 왔는지 살펴볼 수 있습니다.

그림 4.9는 수익성 상위 10분위 기업의 수익 구성을 보여줍니다.

● 그림 4.9: 수익성 상위 10분위의 연간 수익률 분해

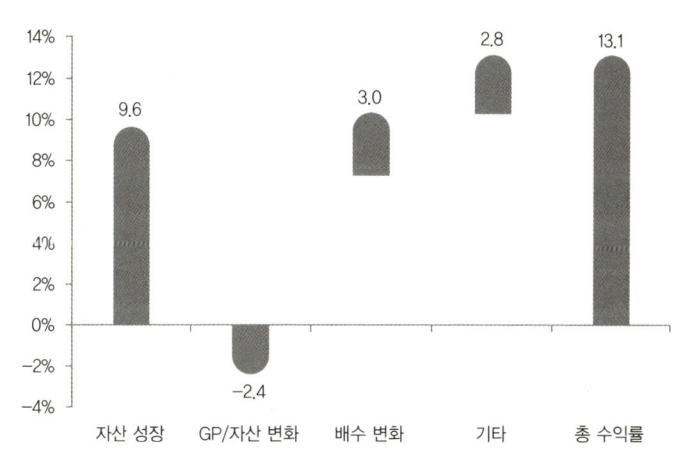

출처: Verdad Research
참고: '기타'에는 레버리지 영향, 부채 상환, 주식 변동, 배당금 지급 등이 포함된다.

고수익성 기업들의 주요 수익 원동력은 자산 증가입니다. 고수익성 기업들은 주로 규모를 키움으로써 수익을 창출하는데, 이 과정에서 총이익/자산 비율의 하락은 가치평가 배수의 증가로 상쇄됩니다. 이것을 그림 4.10에 표시된 수익성 상위 10분위 가치 요인 수익률 원동력(driver)과 대조해 보십시오.

가치 요인 상위 10분위 기업들은 평가 배수 변화를 통해 수익을 실현합니다. 이들 기업은 자산 성장이 미약하고 총이익/자산 비율의 개선도 보이지 않습니다. 하지만 가치평가 배수는 현저하게 개선됩니다. 이는 가치 요인 투자 작동방식에 대한 우리의 이해를 반영합니다.

배수가 낮다는 것은 종종 이익이 저조하다는 것을 나타냅니다. 이

● 그림 4.10: 가치 상위 10분위 연간 수익률 분해

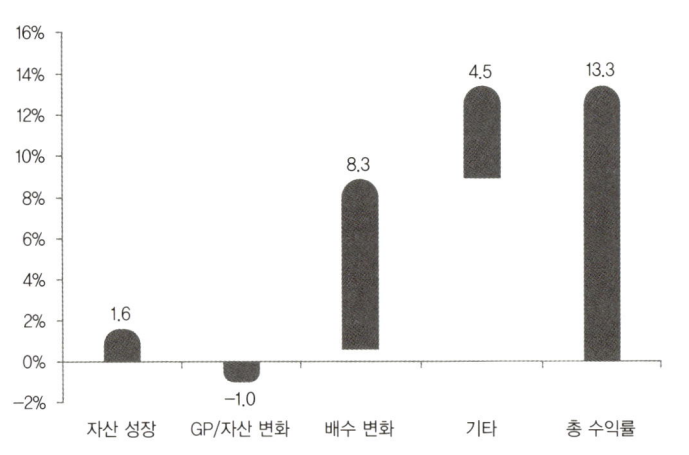

출처: Verdad Research
참고: '기타'에는 레버리지 영향, 부채 상환, 주식 수 변경, 배당이 포함된다.

익이 계속 저조할 수도 있지만, 이미 가격에 반영되어 그렇게 나쁘지는 않기 때문에 배수는 개선됩니다.

가치 전략은 경주용 자동차와 같습니다. 잘 지지는 않지만, 커브 구간에서 사고가 나기 쉽습니다. 수익성 전략은 가치 전략에 뒤처질 때가 많지만, 훨씬 더 일관성이 있고, 성장둔화 시기에 더 좋은 성적을 보입니다. 투자자에게 중요한 마지막 차이점이 있습니다.

가치는 시장 가치평가에서 비롯되므로 변동성이 크지만, 수익성은 기업의 수익성에서 비롯되며 변화가 보다 느립니다. 수익성 포트폴리오 기업들은 가치 포트폴리오 기업들보다 이탈률이 보다 낮습니다. 하지만 그들은 서로 작동하는 메커니즘이 다르고, 선택하는 기업 유형이 전혀 다르고, 서로 다른 수준의 능동형 운용이 요구됩니다. 하지만 중요한 유사점은 가치와 수익성 모두 성장을 고려하지 않는다는 것입니다.

현 재무지표의 배수를 토대로 가치를 보고, 총이익/자산을 토대로 수익성을 볼 때, 기본적으로 예측 불가한 성장에 집착하는 사람들과는 세상을 바라보는 관점이 매우 달라집니다.

결론

투자자들 대부분 현금흐름할인모형을 사용해 주식을 평가합니다. 이 모형은 미래 매출과 이익 성장을 예측할 수 있다고 가정합니다.

그러나 저는 매출과 이익 성장이 지속적이지도 않고 예측 가능하지도 않다는 것을 보여주었습니다.

따라서 주식 투자에서 우위를 점하기 위해서는 잘못된 모형을 사용하지 않아야 합니다. 매출과 이익 성장을 예측하고 현금흐름할인(DCF)모형을 만드는 것을 그만해야 합니다. 대신 우리가 좋은 의사결정을 하는 데 도움이 될 수 있는, 현재 우리가 알고 있는 것에 집중해야 합니다.

지금 우리가 알고 있는 가장 중요한 것은 현재의 평가가치입니다. 이러한 평가가치는 특히 소형주에 투자할 때 중요합니다. 싼 주식은 투자자들이 미래 수익성에 대해 비관적인 시각을 가지고 있으므로 싸게 거래됩니다. 그러나 아시는바 미래의 수익은 예측할 수 없으므로 이러한 비관론이 과도할 가능성이 큽니다. 실제로 많은 가치주들은 1~2년 후 새로운 정보를 반영하기 위해 예측이 업데이트되면서 재평가됩니다. 하지만 가치만이 유일한 중요 요인은 아닙니다.

총이익/자산으로 정의되는 수익성은 내재한 사업의 질을 측정하는 좋은 지표입니다. 이러한 주식은 전통적인 가치주와는 매우 다르지만, 높은 투자자본 수익률을 창출하고 시간이 지남에 따라 매력적인 속도로 복리 성장합니다. 이 두 가지 핵심 특성에 기반한 주식 포트폴리오는 시간이 지남에 따라 시장을 능가하는 성적을 낼 기회가 있습니다.

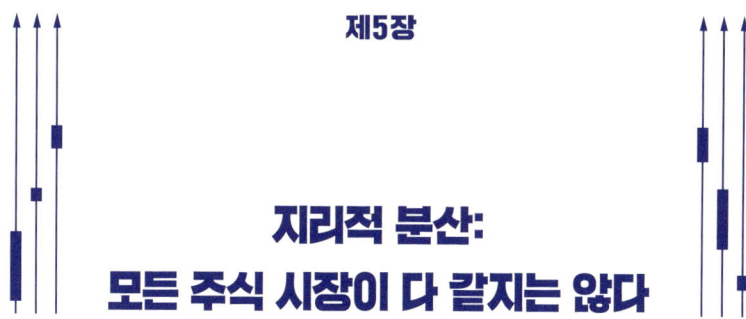

제5장
지리적 분산: 모든 주식 시장이 다 같지는 않다

1980년대 일본은 대규모 투자 붐을 경험했습니다. 일본 주식 시장은 1983년부터 1990년까지 매년 상승하며 전 세계의 다른 주식들을 압도하는 성적을 거두었습니다. 일본은 한때 전 세계 시가총액의 거의 절반을 차지했습니다.

이야기는 간단했습니다. 일본은 제조업 강국이었으며, 일본 기업들의 경영 방식은 세계 어느 곳보다도 뛰어났습니다. 이러한 전문성은 개발도상국이었을 일본을 중위소득 국가에서 고소득 국가로 변화시키는 원동력이 되었습니다.

외국인 투자자들이 대거 몰려들었습니다. 1970년대 후반이나 1980년대 초반에 월가에서 직장생활을 시작한 사람들은 영업미팅이든 투자미팅이든, 당시 그들이 근무하던 회사의 일본지사 설립을 위한 방문이든, 일본에 관한 이야기를 들었을 것입니다. 하지만 아마도 알고 계시겠지만, 호황은 불황으로 바뀌었습니다.

캘리포니아 땅 전체보다 더 가치가 있다고 여겨졌던 도쿄 황궁 땅은 결국 그렇지 못한 것으로 드러났습니다. 그리고 30년 동안 일본 주식 시장은 1980년대의 과잉을 해소해야 했으며, 그 기간 동안 수익률은 거의 제로였습니다.

오늘날 미국도 1980년대의 일본처럼 막강해 보입니다. 미국의 기술 기업들이 세계를 선도하고 있습니다. 인도와 중국, 유럽의 최고 인재들은 혁신을 위해 미국으로 옵니다. 미국의 벤처 캐피털 생태계는 전 세계의 부러움을 사고 있습니다. 매켄지는 '사우디아라비아의 실리콘밸리'와 같은 것을 만들려는 다양한 국가들을 설득하는 것이 쉬운 이익 기회임을 알게 되었습니다.

미국 기업들의 이익이 급증함에 따라 주식 시장도 크게 성장하였고, 전 세계 다른 국가들을 크게 능가하는 성적을 거두었습니다. 캐피털 아이큐(Capital IQ)의 데이터에 따르면, 2023년 10월 31일까지 10년 동안, 미국을 추적하는 뱅가드(Vanguard)의 전체 주식 시장 지수는 연평균 10.5%의 수익률을 기록했지만, 글로벌 국제 시장 지수(Total International Market Index)는 겨우 2.9%의 수익률을 기록했습니다.

이는 해외 주식 시장에는 충격적인 것입니다. 이는 많은 미국 투자자들이 국제 분산 투자는 돈 낭비라는 결론에 도달하게 했습니다. 2008년 금융위기 이후 실제로 그랬기 때문입니다. 해외시장은 미국 주식 시장과 약 90%의 상관관계를 보였으며, 금융위기 동안 더 심한 하락을 경험했습니다.

그 결과 투자자들의 돈이 이를 잘 보여주고 있습니다. 뱅가드는 미국에서 190개의 펀드를 운용하며 약 32억 달러의 주식자산을 운용하고 있습니다. 하지만 캐피털 아이큐(Capital IQ)의 데이터에 따르면, 고객 자산 중 많은 부분이 미국 전체 시장 펀드(Total US Market funds)나 S&P500 추종 펀드에 투자되어 있었으므로, 뱅가드를 통해 주식에 투자된 자금의 78%가 미국 주식에 투자되고 있습니다.

하지만 2023년 10월 기준으로, 미국 주식은 매출의 약 2.7배, 장부가치의 약 4.0배 가격으로 거래되고 있었고, 이는 1980년대 거품 절정에서 거래되던 일본 주식의 배수와 같다는 점에서 주목할 필요가 있습니다. 반면 해외시장은 훨씬 낮은 평가가치로 거래되고 있었습니다. 이는 매출 대비 약 1.4배, 장부가치 대비 약 1.6배 수준이었습니다.

AQR의 연구에 따르면 미국 주식의 상대적 초과성적 중 75%는 평가가치 변화에 의한 것이며, "미국 주식을 사라(Buy America)" 진영의 추천 핵심인 펀더멘털에 의한 비중은 극히 일부였습니다. 초과성적의 대부분은 미국 주식의 미래에 대해 투자자들이 더 낙관적으로 변한 결과이며, 이러한 낙관론은 과거의 우수한 성적에 기반한 것이었습니다. 그러나 과거에 기반한 예측은 신뢰하기 어렵고, 투자심리는 빠르게 변할 수 있습니다.

미국 증시 강세 분석

　미래를 예측하는 우리의 능력에 대한 겸손함은 어떤 나라의 주식 시장에 대해 지나친 열정을 가지는 것에 대해 신중해지길 요구합니다. 이 강력한 주장의 근거는 다음과 같습니다.

　미국은 가장 발전된 자본시장, 낮은 세율과 유능한 관리시스템, 강한 기업가 정신, 그리고 혁신을 지원하는 인프라를 갖추고 있으므로, 투자하기에 가장 좋은 주식 시장입니다. 그 결과 미국 기업의 이익은 다른 나라들보다 더 빠르게 성장할 것이며, 주식 시장도 더 높은 수익률을 기록할 것입니다. 하지만 이러한 주장은 오만해 보이며, 실증이 어렵고, 미래에 대한 확신이 필요합니다. 하지만 미래에 대해 회의적인 시각으로 보는 것이 일반적으로 더 낫습니다.

　물론 "미국 주식만 매수하는 것에 비해 해외 분산 투자하는 것이 더 낮은 수익률을 보였다"라고 말하는 사람에게 반박하기 어렵습니다. 과거에 가장 좋은 성과를 보였던 것을 선택한 사람을 반박한다는 것은 늘 어려운 일입니다.

　우리가 본 바에 의하며 시간이 지나면서 낙관적 설명이나 비관적 설명의 힘은 약해지고, 가치평가 배수는 평균으로 회귀하며, 어제의 승자가 내일의 패자가 됩니다.

　더 넓은 관점에서 모든 자금을 미국 선택의 후견지명(hindsight) 없이 특정 국가의 주식 시장에 모두 투자해 발생할 수 있는 모든 결과를 비교했을 때, 해외 분산 투자가 위험과 수익 측면에서 모두 일반적으로 더 좋은 결과를 가져왔을 것임을 알 수 있습니다.

AQR의 연구에 따르면 1950~2022년 동안 한 국가에만 투자한 투자자들이 경험한 최악의 투자가 분산 투자한 사람들이 경험한 최악의 투자보다 훨씬 좋지 않았습니다.

예를 들어 1980년대 일본 투자자들은 자국 주식 시장의 P/E 비율이 30을 넘었을 때가 해외 분산 투자 전략을 채택하기에 적합한 시기였을 것입니다.

우리는 미래가 어떻게 될지 알 수 없으며, 과거의 수익률로 미래의 수익률을 예측하지 못한다는 것을 알고 있습니다. 하지만 가치평가는 종종 이를 예측합니다.

투자가 막연한 분석 게임이 아닌 메타분석 게임이라면, 메타분석은 미국 투자자들이 너무 시장 합의적 낙관주의(consensus optimism trade) 거래자였을 가능성이 크다는 것을 시사합니다. 적어도 미국 투자자들은 전 세계 지수(All-Country World Index) 비중에 맞춰야 합니다. 이 지수는 2023년 말 기준으로 미국 60%, 해외 40%로 정도로 구성되어 있습니다.

하지만 오늘날의 평가가치를 고려했을 때, 고려해야 할 것들이 더 많습니다. 대략적인 기준은 미국 및 해외 다른 국가의 매출이나 순이익 비중(%)일 수 있습니다. 현재 미국은 이 비중이 약 30%(Capital IQ 데이터 기준)로, 이는 시가총액의 비중보다 훨씬 낮은 편입니다.

포트폴리오를 매출 비중이나 이익 비중에 맞춰 조정한다는 것은 가치평가가 중요하다는 관점을 암시하는 것입니다. 그리고 장기적으

● 그림 5.1: CAPE (경기조정 주가수익비율)과 이후 10년의 평균 실현 수익률의 관계

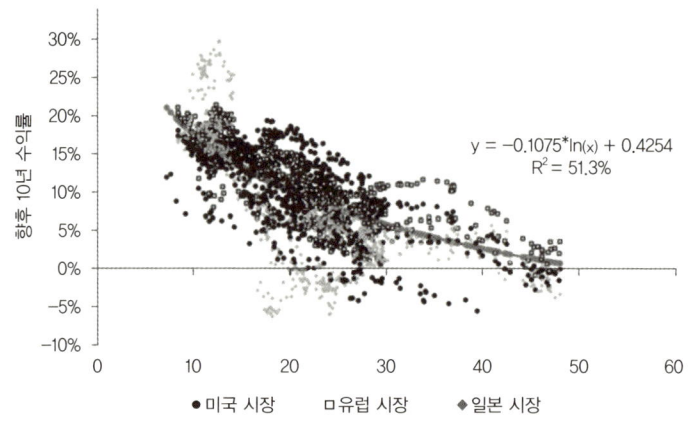

출처: Robert Shiller's website and Ken French's website
참고: 이 차트는 미국 시장(1926~2024)과 유럽의 선진 시장과 일본 시장(1975~2023)의 총 수익률 CAPE와 이후 10년 연평균 수익률 간의 관계를 보여준다. 이 회귀 분석은 미국에 적용된다.

로 볼 때, 가치평가는 개별 국가 및 국가 간 비교에서도 모두 중요한 것으로 나타났습니다.

스타 캐피털(Star Capital)은 1979년까지 거슬러 올라가 17개 국가를 분석한 결과, 주식 위험 프리미엄(CAPE 사용)이 이후 10년(예상) 수익률 변동의 48%를 설명했으며, 이는 매수 시점의 주식 위험 프리미엄과 그 이후 10년 수익률 사이에 70%의 상관관계가 있음을 나타냈습니다.

이는 그림 5.1에 잘 나타나 있으며, 여러 국가를 대상으로 장기간에 걸쳐 CAPE 가치평가(경기조정 주가수익 배수를 사용한 가치평가)와 미

래 수익률을 비교한 결과, 높은 평가가치와 미래 주식 시장 수익률 사이에 강한 부의 상관관계가 있음을 보여줍니다.

수많은 연구에 의하면 어떤 나라 시장에서 가장 싸고 거래량이 적은 주식을 지속해서 보유하는 것이 장기적으로 투자자들에게 좋은 프리미엄을 제공합니다. 비관주의(낮은 가격에 반영된)를 사는 것이 장기적으로 보상을 받습니다. 또한 여러 연구에 의하면 평가가치를 근거로 자산을 국가 간 배분하는 것도 도움이 될 수 있습니다.

2018년 재무 분석 저널(Financial Analysts Journal)에 실린 논문에 의하면, 두 명의 연구자가 1980년대 이후 상대적 가치를 기준으로 23개 선진국 시장을 검사한 결과, 요인 노출이 유리한 국가의 지수를 기반으로 한 포트폴리오가 전 세계 시가총액 포트폴리오를 경제적, 통계적으로 유의미하게 능가하는 성과를 냈습니다.

더 최근, 포트폴리오 운영 저널(Journal of Portfolio Management)에 실린 논문에서도, 다양한 평가가치 특성을 기준으로 73개 선진국 및 신흥 시장 주식지수를 시험해 유사한 결과를 얻었고, 기업가치배수(TEV/EBITDA)가 국가별 상대적 수익률을 예측하는 데 가장 효과적인 가치평가 지표인 것으로 나타났습니다.

이러한 효과는 장기간에 걸쳐 나타나므로, 일반적으로 다음 달이나 심지어 내년에 관해 알려주는 것은 거의 없습니다. 그런데도 우리는 저평가된 국가들을 매수하고, 고평가된 국가들을 피하는 것이 이기는 거래 전략임을 수없이 보았습니다.

2023년까지의 지난 10년은 예외적인 기간이었습니다. 처음부터 비싸게 시작한 미국 시장은 더욱더 비싸졌습니다. 이는 더욱 싸진 다른 나라의 시장을 능가하는 성적을 거두었습니다. 하지만 다시 한번 강조하자면 과거 성적은 미래의 수익률에 관해 거의 아무것도 알려주지 못합니다. 시장은 너무나 효율적이어서 단순히 어제 상승한 것을 매수하는 것만으로는 어떤 좋은 결과도 얻기 어렵습니다. 또한 한 국가의 전체적인 가치평가는 단지 약간의 정보만 제공할 뿐입니다.

하지만 때로는 나라의 전체적 가치평가가 우리에게 조금 더 많은 것을 알려줍니다. 특히 가치평가가 극단적인 경우, 가격이 비정상적으로 높은 거품을 보일 때, 일본이 1980년대에 또는 미국이 1990년대 말에 경험했던 것처럼, 이에 대한 노출을 적극적으로 줄이는 것이 합리적일 수 있습니다. 반대로 어떤 나라 시장 전체가 다른 나라들에 비해 지나치게 싸지게 되는 역거품(negative bubbles)이 있을 수도 있습니다.

그림 5.2에서 볼 수 있듯이, 미국은 2013년 이후 매년 상위 10개 시장 중 가장 고평가된 시장이었습니다. 반면 일본은 지난 14년 중 12년 동안 가장 저평가된 두 국가 중 하나였습니다. 이는 가치평가 측면에서 두 극단을 보여줍니다.

홍콩 역시 지난 몇 년간 저평가 상태였는데, 이는 신흥국과 선진국 간 차이를 어떻게 생각해야 할지 중요한 질문을 제기합니다.

● 그림 5.2: 평가가치 기준 상위 10개국

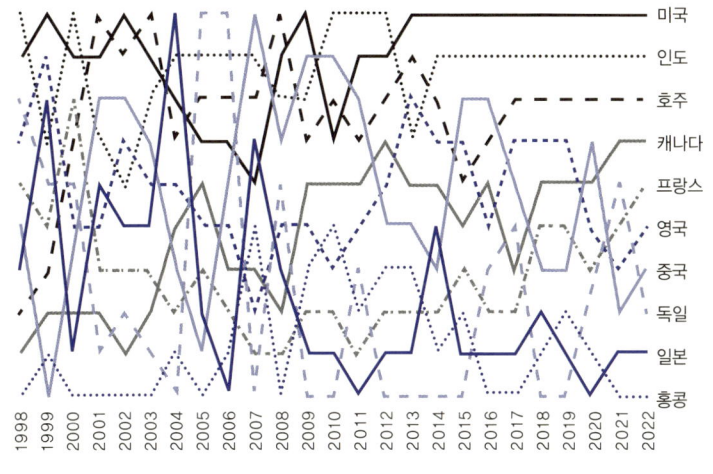

출처: S&P Capital IQ and Verdad Research

중국 및 기타 신흥 시장에 대한 투자

모든 나라가 다 같지 않듯이, 모든 주식 시장도 다 같지는 않습니다. 시장은 이를 지원하는 국가의 규칙과 전통에 따라 기능합니다. 주식 시장은 어떤 의미에서는 자본주의 시스템의 절정이라 할 수 있으며, 자본주의에 대한 헌신이 약한 나라도 있습니다. 이러한 나라는 재산권 보호가 미흡해서 투자자들은 훨씬 더 신중해야 합니다.

한편 미국이나 스위스처럼 사유재산 보호가 강하고, 자유로운 시장이 존재하고, 민간 기업에 대한 정부 간섭이 적은 나라가 있는가 하면, 중국처럼 마르크스-레닌주의를 공개적으로 표방하고, 공산당이 기업 규제 뿐만 아니라 기업 운영과 소유권에도 강한 영향력을 행사하는 나라들도 있습니다. 투자자들은 너무 사회주의로 치우쳐 있는 나라의 주식 시장 투자에 따른 위험에 대해 매우 주의해야 합니다.

중국은 투자자들에게 가장 큰 도전입니다. 중국은 GDP 기준으로 세계에서 두 번째로 큰 경제이고, 캐피털 아이큐에 의하면 중국 주식은 대부분 주요 신흥 시장 지수에서 차지하는 비중이 약 1/4이라고 합니다. 중국은 오늘날 살아남은 몇 안 되는 공식적인 마르크스-레닌주의 국가 중 하나입니다. 그리고 북한, 라오스, 쿠바와 같은 다른 마르크스-레닌주의 국가들은 주식 시장은 고사하고 실제 시장 자체가 없습니다. 따라서 자본 몰수 또는 예측 불가능한 정책 변화 위험은 특히 중국이 비정상적으로 높습니다.

중국은 주식 시장이 있고 '1주 1표' 법률이 존재하지만, 실제는 공산당이 최종 권한을 행사하며, 그 소유권은 종종 은폐되어 있습니다.

이는 학계 연구와 퓰리처상을 받은 저널리즘에 의해 잘 문서화되어 있습니다. 그 결과 법률 전문가들에 따르면 중국에서의 주주 행동주의는 매우 드문 현상입니다.

세계은행과 세계경제포럼의 국제 경쟁력 순위에서 중국은 소액주주 권리, 회계의 질, 이사회의 효율성, 투자자 보호의 강도, 그리고 증권거래소 규제 측면에서 매우 낮은 점수를 받고 있습니다.

투자자들이 자본 몰수나 정부 개입 위협에 대해 우려해야 하는 신흥 시장은 중국뿐만은 아닙니다. 많은 라틴아메리카 국가들은 자본주의와 사회주의 정권 사이를 왔다 갔다 합니다. 그리고 예상대로 라틴아메리카 주식은 과거 사회주의 정권이 통치했을 때 더욱 안 좋았습니다.

저는 라틴아메리카에서 가장 큰 6개국의 시장을 연구하여, 각 나라가 지난 35년 동안 자본주의 정부와 좌파 사회주의 정부하에서 각각 보낸 기간의 비중을 알아보았습니다. 그리고 나라별 주식 수익률과 그 나라가 자본주의 정부의 통치를 받은 비율을 비교했습니다. 그 결과는 그림 5.3에 있습니다. 과거 사회주의 통치를 받은 나라들의 수익률이 자본주의 통치를 받은 나라들보다 낮음을 알 수 있습니다.

● 그림 5.3: 인플레이션 조정 주식 시장 CAGR과 자본주의 정부 집권 비율

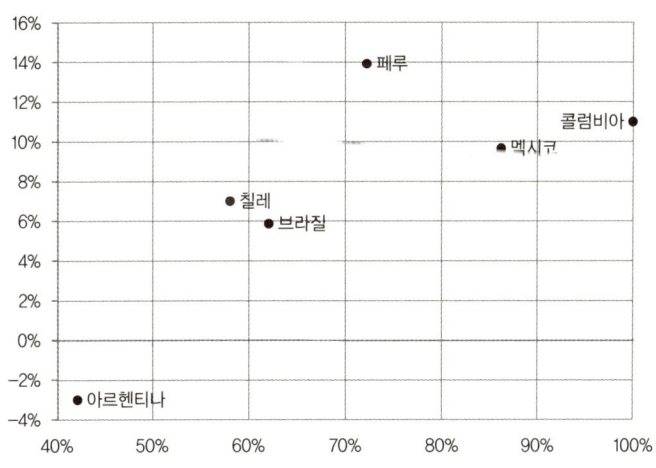

출처: Global Financial Data

주식 수익률은 종종 커다란 소수의 승자에 의해 좌우되는데, 이러한 불평등은 결과적인 평등을 선호하는 사회주의자들에게는 유독 독이 됩니다. 게다가 주식 시장 수익률이 프롤레타리아 독재 정권에게 우선순위가 되는 일은 거의 없습니다.

이러한 결과는 다른 연구들과 일치합니다. 민주적 규범을 보다 넓게 정의할 때, 이 수준이 비교적 높은 국가는 1975~2015년의 74개국 표본에서 독재 정권보다 더 수익률이 뛰어나고 변동성은 낮았던 것으로 나타났습니다.

생명 + 자유 지수(Life + Liberty Indexes)의 설립자인 퍼스 톨(Perth Tolle)은 이러한 통찰을 성공적인 투자 전략으로 변환하여 종목 코드가 FROM인 ETF를 출시했습니다. 어린 시절을 미국과 중국에서 모두 살아본 톨은 경제적 자유 결여가 시장 수익률에 미치는 부정적인 영향을 알고 있었습니다.

톨의 자유 100 신흥 시장 ETF(Freedom 100 Emerging Markets ETF)는 중국에는 전혀 투자하고 있지 않은데, 이는 MSCI 신흥 시장 ETF가 자금의 34~38%를 중화인민공화국에 투자하는 것과 대조됩니다. 그녀의 펀드는 출시 이후 보다 큰 신흥 시장 지수보다 우수한 성적을 거두었습니다.

1970년대에 흔히 그랬듯이, 어느 나라든 외국에 돈을 투자하면 10년 후에 다시 찾을 수 있다고 생각하기 쉽습니다. 자본통제는 정말로 우리 조부모 세대가 걱정해야 했던 문제였습니다. 그러나 앞으로 10년 동안 중국에 투자를 생각하고 있는 외국인 투자자들은 법적 보호(constrained law)도 신뢰할 수 있는 조치(credible deterrence)도 보장받지 못할 것입니다.

이러한 이유로 미국을 제외한 큰 나라들에 대한 자산 배분 결정은 완전히 교환 가능한 금융상품들의 비중을 조정하는 것보다 훨씬 더 복잡합니다. 향후 수십 년을 위해 자본 투자처를 찾는 투자자들은 자본주의와 서로 양립할 수 없는 목표를 추구하는 정책을 채택하는 경향이 있는 시장에 대해서 매우 높은 할인율을 적용해야 합니다.

요약하면 해외 분산 투자는 합리적이며, 특히 현재의 평가가치를 고려할 때 더욱 그렇습니다. 미국 시장이 이렇게 놀라운 상승세를 보인 후에 미국에서 돈을 빼서, 특히 오랫동안 미국에 비해 크게 부진했던 시장으로 옮기는 것을 추천하기는 어렵습니다. 하지만 미래에 대해 불가지론적 관점, 더 나아가 상대적 가치평가를 고려한 관점에서 볼 때, 투자자들은 투자자금 중 최소 40%는 미국 이외 지역에 투자하는 것이 좋을 것입니다.

투자할 나라를 선택하는 것은 중요합니다. 일본과 같이 선진화된 싼 시장을 고려하고, 재산권이 보장되지 않는 중국이나 기타 사회주의 국가에 투자하는 것은 매우 신중해야 합니다.

앞에서는 다루지 않았던 해외시장 노출에 대해 살펴보았으니, 이제 투자자들이 저지르는 가장 큰 실수를 다뤄 보도록 하겠습니다. 그 불명예는 가장 똑똑해야 할 기관투자가들이 사모펀드에 너무 지나치게 자산을 배분한다는 것입니다.

제6장

사모펀드 거품

투자자들은 겸손을 기반으로 투자 결정을 해야 합니다. 투자자들은 능동형 투자보다는 수동형 투자방식을 선호하고, 주식 종목 선택에서 가치와 수익성을 중시하는 방향으로 포트폴리오를 구성하고, 자국 중심의 편향보다는 국제 분산 투자를 선호해야 합니다. 하지만 이른바 '스마트 머니'는 제가 추천하는 것과는 정반대로 하고 있습니다.

기부금을 기반으로 설립된 기부금 재단들은 고비용 사모펀드 전략 투자 비중을 계속 늘려가고 있습니다. 이들 운용사는 더 나은 기업 선택은 물론, 그들이 매수하는 기업의 체질 개선도 약속합니다. 그러나 이 펀드들이 투자하는 기업들은 대체로 상장 기업들보다 규모가 훨씬 작고, 부채 비율이 높으며, 보다 비싸고, 수익성이 낮은 경향이 있습니다. 게다가 이러한 사모펀드 자금의 대부분은 미국 내에서 운용됩니다. 상황을 더 악화시키는 것은, 이러한 전략에 10~12년 동안 투자자들의 자본이 묶인다는 것입니다.

저는 투자자가 시장에서 하는 가장 큰 실수는 모든 전략 중에서도 사모펀드 전략이라고 생각합니다. 모든 전략 중에서 저의 세계관과 가장 크게 충돌하는 것은 사모펀드 전략입니다.

NACUBO의 데이터에 따르면 오늘날 기부금 재단은 자신의 포트폴리오 중 거의 60%를 대체투자 자산에 배분하고, 상장 주식에는 약 30%, 채권에는 10%만 배분하고 있습니다. 기부금 재단은 전체 포트폴리오의 약 40%를 사모펀드와 벤처캐피털에 배분하고 있습니다.

1790년대 전통적인 모형은 60/40으로, 기부금 재단은 약 60%를 상장 주식에, 40%를 채권에 배분하였습니다. 예일대학교의 전 최고 투자 책임자였던 고(故) 데이비드 스웬슨(David Swenson)은 1980년대와 1990년대 대학의 기부금 재단 운영에 급진적인 변화를 가져왔습니다. 그는 전통적인 자산군인 주식과 채권에 대한 예일대학교의 노출을 대폭 줄이고, 포트폴리오를 사모펀드, 벤처캐피털, 헤지펀드와 같은 대체자산으로 전환했습니다. 스웬슨은 2000년에 쓴 자신의 책, 『선구적 포트폴리오 관리(Pioneering Portfolio Management)』에서 이 전략에 대해 설명했습니다. 당시 그의 아이디어는 혁신적이었습니다. 하지만 25년이 지난 지금, 대규모 자산운용사 중에서 스웬슨이 처음 시작한 '기부금 재단 모형'을 모방하지 않은 자산운용사를 찾아보기가 어렵습니다.

2023년 학계 연구에 따르면, 2001년 약 13%였던 대체자산 비중이 2021년까지 40%로 증가한 것은 이러한 대체투자 성과에 대한 낙관적인 전망이 커졌기 때문이라고 설명할 수 있습니다. 이 연구에 따르면 중위 투자 컨설턴트가 인식하는 대체자산의 초과 수익률(알파)은 2001년 119 bps에서 2020년 200 bps로 상승했습니다. 이 연구의 결론대로 중요한 '믿음의 변화'입니다.

비싼 틈새시장에 너무 과도한 비중을 두는 것을 정당화하는 것은 주목할 수준의 낙관주의로, 오만에 가까운 것입니다. 이러한 대체자산은 상장 주식 소유 수수료의 10배에 달하는 비용이 들며, 이는 매우 뛰어난 기술을 가진 운용사만 정당화할 수 있는 비용입니다. 이 자산군의 투자를 주도하는 곳이 명문 대학교라는 사실은 이 위험한 투자에 뛰어난 통찰과 지혜가 깃들어 있는 듯한 인상을 줍니다. 그러나 만약 이러한 자산 배분이 잘못된 것이고, 가장 똑똑하고 우수한 사람들이 모두 같은 실수를 하고 있다면 어떻게 되겠습니까?

사모펀드와 벤처캐피털은 진정한 자산군이 아닙니다. 주식은 주식일 뿐이며, 그것이 상장 주식이든 비상장 주식이든 본질적으로 같습니다.

하지만 이들은 스타일 노출에 있어 차이가 납니다. 사모펀드와 벤처캐피털은 매우 작은 기업에 투자하며, 사모펀드는 많은 부채를 사용하는 특징이 있고, 벤처캐피털은 높은 매출 증가율을 보이지만 이익이 나지 않고 있는 기업에 집중합니다. 그러나 이들 자산이 주식 포트폴리오에 분산 효과를 준다고 생각해야 할 이유는 없습니다.

이들이 분산 투자의 한 수단이자 진정한 대체 자산군으로 여겨져

온 주요 이유는, 사모펀드는 유동성이 높은 공개 시장에서 지속해서 가치평가가 이루어지는 것이 아니라, 회계사들이 분기별로 이들 사모펀드의 가치를 평가하기 때문입니다. 이러한 가치평가는 공개 시장보다 변동성이 현저히 낮습니다. 하지만 평준화(smoothing) 효과를 제거하면, 비상장 자산은 상장 주식 시장과 90% 이상의 상관관계를 보였습니다.

사모펀드와 벤처캐피털을 제대로 이해하고 예상 수익률을 예측하려면, 이의 기초가 되는 주식을 깊이 있게 분석해야 합니다.

이를 통해 과거 성과의 맥락을 이해하고, 미래의 상대적인 수익률을 예측할 수 있습니다.

사모펀드 이해

캐나다 연금계획투자위원회(CPPIB)와 아부다비 투자청(ADIA)은 1993~2014년까지 3,492건의 사모펀드 거래에 대해 상향식 분석을 했습니다. 그들은 사모펀드 거래가 상장 주식 투자와 두 가지의 핵심적인 정량적 차원에서 다르다는 것을 발견했습니다.

첫째, 사모펀드(PE) 운용사는 큰 상장 시장의 주요 벤치마크 기업들보다 규모가 훨씬 작은 기업들을 매수합니다. S&P500 지수에 포함된 기업의 시가총액 중앙값은 410억 달러이며, 러셀 2000지수 소형주의 시가총액 중앙값은 20억 달러입니다. 그러나 사모펀드 거래 기업가치의 중앙값은 단 2억 5,000만 달러에 불과합니다. 소형주 지수의 최대 시가총액보다 큰 사모펀드 투자 사례는 15건에 불과합니다.

둘째, 사모펀드가 투자(지원)하는 기업들은 상장 기업들에 비해 훨씬 더 높은 레버리지를 사용합니다. CPPIB와 ADIA의 조사에 따르면 거래성사 시점에서 순부채/기업가치 비율은 평균 약 65%에 달했습니다. 반면 러셀 2000지수에 속한 소형주 기업의 평균 부채 비율은 약 16%, S&P500 지수에 속한 대형주 중위 기업의 부채 비율은 약 18% 수준입니다. 이 두 가지 요인들은 1980년대 초부터 사모펀드의 변함없는 특징입니다.

하지만 중요하게도 사모펀드의 요인 노출은 시간에 따라 변했습니다. 과거, 사모펀드 운용사들은 일반적으로 큰 상장 시장에서보다 훨씬 낮은 평가가치로 기업들을 매수해 왔습니다. 여기서 우리는 2008년 금융위기를 전후로 중요한 변화가 있었음을 볼 수 있습니다. 이 위기 이후, 사모펀드로 몰려든 자금은 매수가격을 크게 끌어올려, 이전에 존재했던 사모 시장과 상장 시장 가치평가 간 큰 격차가 없어져 버렸습니다.

또한 이 업계는 전통산업 및 경기민감(cyclical) 부문에서 기술 및 헬스케어와 같은 고성장 부문으로 초점을 전환했습니다. 피치북(Pitchbook)에 따르면, 인수 전략도 점점 성장주로 이동했고, 소프트웨어 및 헬스케어 부문의 거래 비중은 2007년 15%에서 2021년 약 40%로 증가했습니다.

평가가치는 비정상적으로 높은 수준으로 치솟았습니다. 그림 6.1

● 그림 6.1: 미국 인수 기업 및 S&P500의 기업가치배수(TEV/EBITDA)

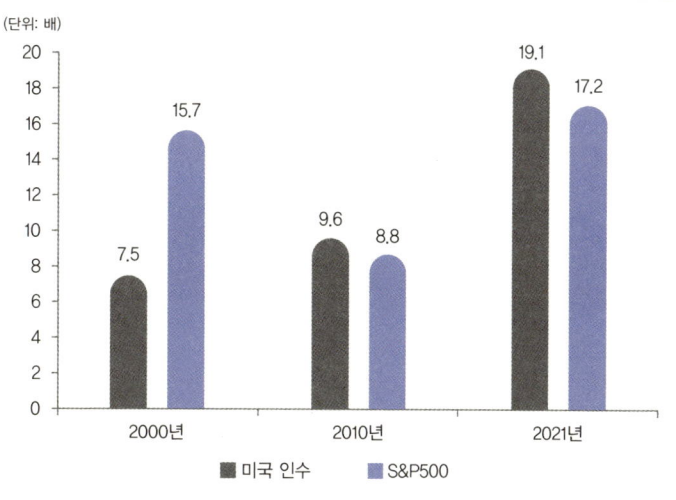

출처: Pitchbook, Bloomberg, KPMG, Verdad Research

은 S&P500의 기업가치배수(TEV/EBITDA)를 미국 기업 인수거래에 대한 저의 GAAP EBITDA 배수 추정치와 비교한 것입니다. (Pitchbook의 예상 재무수치를 가져와, 예상(proforma) 재무제표와 GAAP의 차이를 분석한 KPMG 연구를 근거로 조정했습니다).

그림 6.1은 2021년 사모펀드 거래의 평가가치가 S&P500보다 10% 높았으며, 2010년의 평가가치의 약 두 배에 도달했음을 보여줍니다! 이는 이 자산군에 상당한 호재로 작용했습니다.

레버리지 수준도 비례해 증가하여, 부채 수준이 사상 최고치를 기록했습니다. 이러한 레버리지는 새로운 대출 기관인 사모 신용 업체가 제공하며, 이들 대출 업체는 새로운 위험을 감수하면서 막대한

● 그림 6.2: 순부채/EBITDA 배수

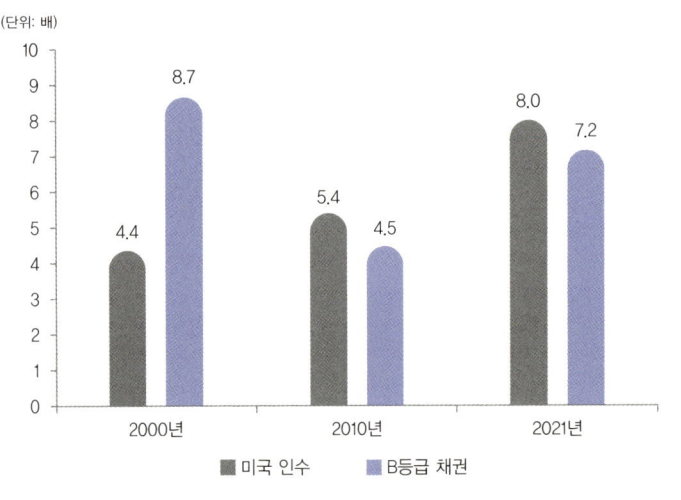

출처: Pitchbook, Bloomberg, KPMG, Verdad Research

자본을 조성합니다. 그림 6.2는 미국 기업 인수 레버리지(차입 비중) 수준을 B등급 채권의 레버리지 수준과 비교한 것입니다. 대부분 부채는 신용부실 등급의 경계선에서 발행됩니다(Moody's 데이터에 따르면 B등급 채권 중 약 20%가 5년 내에 파산하며, 이는 비슷한 조건으로 발행된 사모 신용 상품에 좋은 징조가 아닙니다).

또한 사모펀드 지원 기업들은 일반적으로 상장 기업보다 수익성이 훨씬 낮아, 이러한 높은 수준의 부채 이자를 지급하고 나면 잉여 현금 흐름이 거의 또는 전혀 남지 않게 됨을 의미합니다. 그림 6.3은 사모펀드 지원 기업들의 순이익 마진이 S&P500 기업들의 순이익 마진의 3분의 1 수준이며, 2023년에 잉여 현금흐름 마진이 전혀 없

● 그림 6.3: 2023년 EBITDA 마진과 잉여 현금흐름 마진

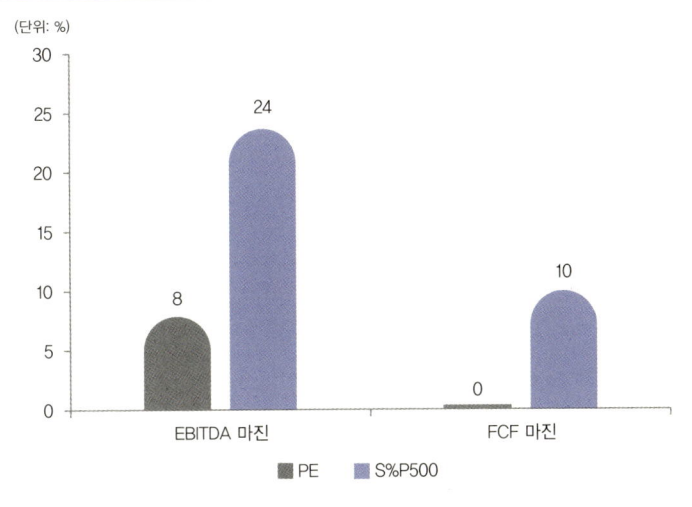

출처: Capital IQ, Verdad analysis

음을 보여줍니다.

 2000년, 평균적인 인수거래는 S&P500 대비 50% 할인된 가격에 성사되었습니다. 그러나 2021년에는 인수거래는 S&P500에 비해 평균 10% 웃돈이 붙은 가격에 이루어졌으며, 이 시기는 S&P500의 평가가치가 거의 기록적인 수준까지 치솟았던 때입니다.

 사모펀드 운용사들은 이러한 가격을 정당화하기 위해 기술 및 헬스케어와 같은 성장 부문으로 방향을 전환했습니다. 레버리지 수준은 증가했습니다. 신용지표는 B등급 회사채보다 현저히 안 좋아 보였습니다. 게다가 마진도 현저히 낮아졌습니다. 요약하면 사모펀드의 유한책임파트너(LP)들은 마진이 낮고, 기술과 헬스케어 부문으

로 많이 편중된, 거의 부실 신용에 가까운 초소형 기업들에 대해 S&P500보다 높은 가격을 지불하고 있습니다.

정량적 관점에서 보면, 스폰서 지원 기업들의 재무제표(fundamentals)는 무서울 지경입니다. 그런데도 사모펀드는 여전히 똑똑한(sophisticated) 투자자들이 사랑하는 자산군으로 남아 있으며, 많은 기부금 재단과 가족사무소(family office)들은 40%에 가까운 비중을 여기에 배분하고 있습니다. 이러한 높은 수준의 열광을 고려할 때, 재무제표는 예상보다 훨씬 덜 매력적으로 보입니다.

사모펀드 운용사가 말하는 차별화

사모펀드 운용사들은 자신들이 상장 주식과 다른 점은 통제력이며, 이를 통해 포트폴리오 기업의 사업 운영을 실제로 변화시킬 수 있다고 주장합니다. 거대 사모펀드인 블랙스톤(Blackstone)은 자사 웹사이트에서 다음과 같이 수익을 창출한다고 광고하고 있습니다.

우리는 자본, 전략적 통찰력, 글로벌 네트워크, 운영 지원으로 기업이 잠재력을 발휘하도록 변화를 끌어낼 수 있는 좋은 기업에 투자합니다.

또한 이러한 성장과 국제 경쟁력 강화는 투자자들뿐만 아니라 근로자, 지역사회, 그리고 모든 이해 당사자들에도 긍정적인 영향을 미칩니다.

어느 정도 일리는 있습니다. 블랙스톤이 단지 소수 지분이 아니라 회사 전체를 인수하는 이유는 무엇일까요? 아마도 현 경영진보다 기업을 더 잘 경영할 수 있다고 믿기 때문일 것입니다. 하지만 사모펀드가 실제 기업의 성장과 경쟁력을 높입니까? 이들은 투자 기업에 실제 어떤 영향을 미칩니까? 이는 답하기 곤란한 질문처럼 보일 수 있습니다.

결국 사모펀드는 기업을 비상장 기업으로 전환하여 재무정보를 대중이 볼 수 없게 합니다. 이 업계는 우리가 '증거는 결과에 있다'라고 믿게 하려 합니다. 그들의 초과 수익률이 그들이 더 나은 성장을 견인하고 더 나은 결과를 만들어내는 더 나은 경영자임을 증명한다고 합니다.

하지만 이 질문에 실제 답하는 방법이 있습니다. 밝혀진 바와 같이 많은 사모펀드 운용사들은 기업 인수를 위해 부채를 조달할 때 투자자들에게 해당 기업의 재무제표를 제공하게 되어 있습니다. 이 재무정보를 통해 인수 전후의 기업성적을 비교함으로써 사모펀드가 무엇을 달성했는지 정확히 판단할 수 있습니다.

저는 캐피털 아이큐를 이용해 1996~2021년 기간 사이에 거래된 993건들에 대한 데이터베이스를 구축하였으며, 여기에는 공채 발행으로 인수한 기업의 인수 전후 재무정보가 공개되어 있습니다. 불행히도 이는 전체 거래 건수들의 작은 표본에 불과합니다. 지난 10년 동안 매년 약 5,000~10,000건의 거래가 이루어졌지만, 해당 데이터베이스에는 연 16~105건의 거래만 포함되어 있습니다. 그러나 이 데이터에는 가장 규모가 컸던 거래들의 상당 부분이 포함되어 있습니다. 데이터에 포함된 기업들의 평균 매출은 7억 6,000만 달러, 평균 EBITDA는 9,600만 달러이며, 델(Dell), 스테이플스(Staples), 토이저러스(Toys 'R' Us)와 같은 대형 거래들 대부분이 들어 있습니다.

이 데이터가 포괄적이라는 의미는 결코 아닙니다. 하지만 사모펀드에 의한 경영 개선이 일부에서 주장하는 것처럼 이 모형의 필수적인 부분이라면, 우리는 이 데이터에서 적어도 얼마간의 증거는 찾아볼 수 있어야 합니다. 사모펀드가 자신들의 주장처럼 경영 효율성을 개선한다면, 인수한 기업에서 매출 성장 가속화, 이익마진 확대, 자본지출 증가를 찾아볼 수 있을 것입니다.

저는 경영 효율성을 반영하는 여섯 개의 핵심 지표(매출 성장, EBITDA 마진, 매출액 대비 자본적 지출 비율, 매출총이익/총자산, EBITDA/총자산, 부채/EBITDA)를 분석하여 인수 전후 3년 동안(인수 보유 기간은 평균 3년)의 변화를 살펴보았습니다. 이들 지표를 같은 해 같은 산업에 속하는 상장 기업의 종합 지표와 비교하여 벤치마킹했습니다.

사모펀드는 매출 성장과 EBITDA 마진 모두에서 해당업계(평균)를 능가하는 기업들을 인수대상으로 삼는 경향이 있음을 발견했습니다. 거래 전 2년 동안의 매출 성장은 평균 1.7% 높았고, 거래 이전 3년 동안 EBITDA 마진은 업계 표준보다 0.5% 높았습니다. 이는 그림 6.4와 그림 6.5에 나와 있습니다.

거래가 성사된 해 이 두 지표 모두 급락했습니다. 저는 대형 차입인수(LBO)는 경영진의 주의를 분산시키고, 거래가 이루어진 해에는

● 그림 6.4: 사모펀드 소유기업의 매출 성장과 벤치마크

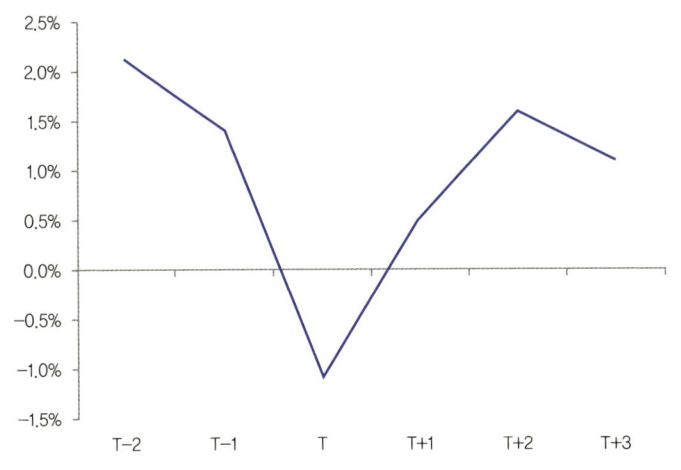

출처: S&P Capital IQ, Verdad Research

● 그림 6.5: 사모펀드 소유기업의 EBITDA 마진과 벤치마크

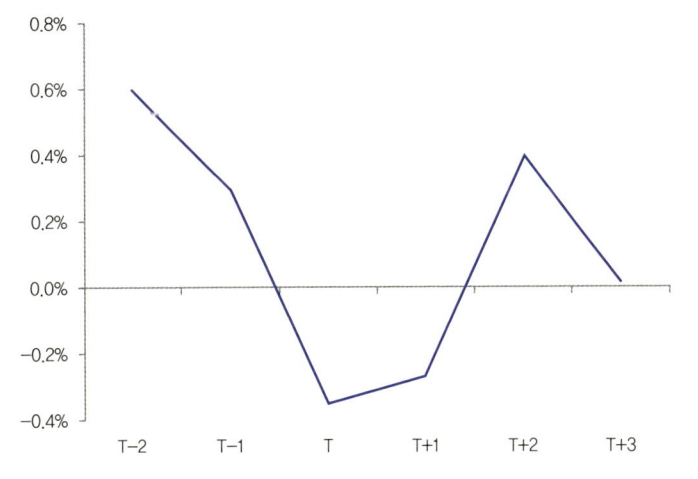

출처: S&P Capital IQ, Verdad Research

매출과 마진 측면에서 최적 이하의 결과를 초래한다고 가정합니다.

그림 6.4와 그림 6.5는 거래가 성사된 이후 성장과 마진이 V 모양으로 회복되긴 하지만 거래 이전의 수준으로는 회복하지 못하다는 것을 또한 보여줍니다.

인수 후 3년 동안 매출 성장은 업계 표준보다 1.1% 높았고, 인수 이전보다는 60 bps 낮았습니다. EBITDA 마진은 평균적으로 업계 표준과 일치했고, 인수 전보다 50 bps 낮았습니다. 순이익 마진은 사용한 차입 규모로 인해 눈에 띄게 훨씬 낮아졌습니다.

사모펀드는 전형적으로 효율성과 비용 통제 측면에서 칭찬을 받습니다. 하지만 그림 6.5의 EBITDA 마진은 다른 이야기를 들려줍니다. 예상한 효율성과 비용 감소에 관한 수치는 보이지 않고 있습니다.

매출 성장과 마진은 업계 벤치마크보다 조금 나은 것으로 보이나, 이는 해당 거래나 어떤 체계적 경영 개선의 결과는 아닌 것 같아 보입니다. 대신 사모펀드가 인수하는 기업은 인수 전에는 약간 성적이 좋았다가 인수 후에는 평균으로 회귀하는 것으로 보입니다.

매출 성장, EBITDA 마진, 자본적 지출, 자산 수익률을 살펴보았으나, 이 표본에서 사모펀드 소유기업의 체계적 경영 개선에 대한 증거는 전혀 찾아볼 수가 없습니다. 이들 기업은 사업을 더 빠르게 성장시키거나, 성장을 위해 더 많은 투자를 하거나, 경영 효율성을 크게 높이는 것 같지는 않습니다. 그렇다면 그들은 무엇을 하는 걸까요?

자본구조 변화: 부채 추가

사모펀드는 인수 전년도에 업계 벤치마크 대비 −0.2배 낮았던 부채/EBITDA 비율을 인수 후 1년 차에 업계 벤치마크 대비 약 1.6배 더 높은 수준으로 증가시킵니다. 이는 명확히 통계적으로 유의미한 차이입니다.

사모펀드는 차입 비중을 높이며 기업을 인수합니다. 그리고 그 이후 수년 동안 부채를 크게 줄이진 않습니다. 인수 이후 부채가 현저히 줄어드는 것이 아니라 인수 3년 이후 3년 동안 인수 때보다 부채가 더 늘어나는 경우가 종종 있습니다.

사모펀드 운용사들은 의도적으로 인수대상 기업의 자본구조를 영구히 바꾸고 있습니다. 영리하고 효율적인 경영자가 운영을 간소화하고, 성장을 강화하는 전략을 구사한다는 이 업계의 신화를 뒷받침하는 데이터는 없습니다. 대신 사모펀드 모형을 이해하는 새로운 틀이 있는데, 이는 매우 단순합니다.

사모펀드 업계는 기업을 인수한 후 부채를 늘리고, 자본적 지출 및 기타 형태의 투자를 줄이는 대신 해당 부채를 상환하는 쪽으로 지출을 재조정합니다. 그 결과로서 아니면 이와 동시에 기업의 성장은 둔화합니다. 이는 단순한 구조적 변화일 뿐이며, 실제로 대대적인 전략 전환이나 필요한 경영 전문성의 변화는 아닙니다.

사모펀드 업계는 만연한 효과적인 마케팅 신화를 만들었습니다. 즉 그들이 개별 기업의 경영진보다 우수하며, 더 효율적으로 경영하고, 더 높은 수익률을 창출한다는 주장입니다. 하지만 살펴본 바와 같이 이는 대부분 사실이 아닙니다. 사모펀드가 인수 기업에 대한 지배력을 원하는 진짜 이유는 전략적 통찰력 때문이 아니라, 부채를 많이 늘리기 위한 것입니다.

부채가 플러스 수익을 확대하면 올바른 의사결정으로 수익률을 높일 수도 있지만, 반대로 마이너스 수익률을 더욱 악화시켜 잘못된 의사결정을 할 수도 있습니다. 증거에 따르면 경영 개선은 사실보다는 마케팅에 가깝습니다.

사모펀드가 실제 위험을 숨기는 방법

위험과 수익률은 일반적으로 서로 연관되어 있어, 낮은 위험으로 큰 수익률을 제공하는 금융상품은 그 어떤 약속도 지키지 못할 가능성이 큽니다. 사모펀드 운용사는 자신의 투자를 스스로 직접 평가하는데, 물론 그들이 고용한 감사법인의 승인은 받습니다.

예상대로 이는 변동성을 극적으로 낮추는 결과를 낳습니다. 상장 시장의 혼란은 사모펀드가 고용한 회계법인의 신중한 판단으로 대체됩니다.

이 차이의 크기를 이해하려면, 2014년과 2015년에 에너지 가격이 50% 넘게 폭락했던 때의 상황을 살펴보면 됩니다. S&P600 에너지 지수는 2012년 12월 31일부터 2015년 9월 30일까지 52%

하락했습니다.

그러나 2015년 9월 30일 기준으로, 빈티지 연도가 2011년인 사모펀드의 에너지 펀드는 평균 투자금의 1.1배(MoM), 빈티지 연도가 2012년인 펀드는 1.0배, 빈티지 연도가 2013년인 펀드는 0.8배로 평가되었습니다. 사모펀드의 에너지 펀드는 상장 주식 시장이 보인 손실의 절반도 인식하지 않은 채, 상장 주식 시장을 극적으로 초과하는 성적을 거두었습니다.

기관투자자들은 이를 '평준화 효과(smoothing effect)'로 부르고 이에 가치를 부여합니다. 아이다호 공무원 퇴직연금제도(Public Employee Retirement System of Idaho)의 전 CIO인 밥 메이너드(Bob Maynard)는 기록된 공개 발표에서 이를 사모펀드의 '가짜 행복'이라고 명명했습니다.

"우리는 우리의 계리사와 회계사들이 회계에서 이루어지는 평준화 효과를 수용하리라는 것을 알고 있었다. 그것이 가짜 행복일 수 있지만, 우리는 그저 행복하다고 생각하고 싶을 뿐이다"라고 말했습니다.

만약 사모펀드가 단지 상장 시장 수익률만 제공한다고 해도, 우리는 그것을 선호할 것입니다. 왜냐하면 보고된 위험과 실제 위험에 대해 모두 평준화 효과가 있기 때문입니다.

다시 말해 아이다호 공무원 퇴직연금이 이 자산군에 더 많은 자본을 배분한 이유는 아이다호의 공무원들에게 돈을 더 많이 벌어주기 위해서가 아니라, 이 시스템의 최고투자책임자(CIO)가 평준화(smoothed)

회계의 가짜 행복을 가치 있는 것으로 여겼기 때문입니다.

조지워싱턴대학교 교수인 카일 웰치(Kyle Welch)는 사모펀드 회계에 관한 논문 「사모펀드의 분산 투자 환상(Private Equity's Diversification Illusion)」에서 포트폴리오 운용사가 "체계적 위험을 모호하게 하고 위험이 낮아 보이는 투자를 선택할 유인이 있다"라고 주장합니다. 만약 상장 시장이 급락하더라도, 사모펀드 보유 비중이 큰 포트폴리오 운용사는 큰 손실을 장부에 기록할 필요가 없을 수도 있습니다.

웰치는 사모펀드 운용사가 공정가치회계기준을 채택한다면, 사모펀드의 보고된 변동성이 두 배가 될 것을 보여줍니다. 우리는 또한 사모펀드 2차 시장에서 이를 볼 수 있습니다. 2차 시장에서는 투자자들이 다양한 사모펀드의 지분을 거래합니다. 이들 2차 시장 거래를 사용해 사모펀드의 보고된 수익률을 시장가로 조정하면, 사모펀드의 변동성은 상장 시장보다 더 높아질 것입니다.

시장가격은 사모펀드가 자체적으로 제시하는 평가가치가 더 훨씬 더 위험하다는 것을 보여줍니다. 예를 들어 금융위기가 절정에 달했을 때 2차 시장에서 매매된 사모펀드 지분의 거래 가격은 그 사모펀드 순 자산가치(NAV)의 59% 수준이었습니다. 달리 말하면 자체 평가가치는 실제 거래 가격과는 큰 차이가 있었습니다.

"이런 평준화가 결국은 나쁜 것인가?"

이것이 일부 사모펀드 투자자들이 주장하는 바입니다. 결국 결과가 올바르다면, 그 과정에서 어느 정도 변동성이 작게 보이게 하는 것은 실제 그다지 문제는 되지 않는 것입니다.

하지만 그러한 변동성을 보지 못함으로써, 안일함이 조장되고 평가가치와 레버리지가 계속 높아질 수 있는데, 그 이유는 그 의사결정의 결과가 아직 실현되지 않았기 때문입니다. 잠깐의 책임 회피는 단지 인식 시점만 잠시 뒤로 미룰 뿐, 결국은 모든 문제가 드러나게 된다는 것을 의미합니다. 그리고 모든 것이 그렇게 좋게 끝나지 않을 수도 있다는 경고 신호입니다.

가짜 행복: 실제 위험

데이비드 스웬슨(David Swensen)은 전설적인 투자자였으며, 일찍 사모펀드에 투자하기로 한 그의 결정은 탁월했습니다. 결국 이는 기부금 재단 모형으로 알려지게 되며, 대체자산에 많은 비중을 배분한 그의 용기는 이제 통념이 되었고, 그의 주장은 낡은 표현이 되어버렸었습니다. 이제는 모든 유형의 투자자들이 사모 시장이 약속하는 것을 활용하기를 원합니다.

스웬슨은 주식 시장의 '단기'와 사모펀드의 '5~7년 투자 기간'을 대조해 보았습니다. 그는 사모펀드 운용사가 '기업의 경영 개선을 위해 직접 경영에 관여하는 주체'로 나설 때, 분기별 실적에 대한 압박은 없다고 생각했습니다.

이는 대형 상장 기업에 대한 전통적인 비판입니다. 이들 기업은 기업의 장기 건전성을 돌보거나, 경영진에 대한 책임을 묻는 실질적 소유주가 없다는 것입니다. 대신 CEO가 주주들의 변덕과 기복에 대응하는데, 이들 주주는 분산되어 있고, 무관심하며, 단기적인 주가 움직임에 지나치게 집착합니다. 반면 사모펀드 운용사는 소유주처럼 사고하고, 기업의 장기적 이익을 위해 어려운 결정을 내리는 것으로 간주합니다.

하지만 증거가 보여주는 것은 사모펀드 운용사는 실제로는 그저 부채만 추가할 뿐이며, 예상했던 보상과 경영성과의 연계성 강화는 실체라기보다 마케팅에 가깝습니다.

물론 부채는 규율효과를 낼 수 있고, 좋은 투자에 대해 수익률을 개선할 수 있습니다. 그러나 오늘날 대부분의 인수거래에서 사용되는 부채의 양은 너무 지나칩니다. 그리고 부채는 기업의 장기적 자본 유연성을 떨어뜨립니다. '부채 규율'과 '장기적 사고'는 상호 배타적인 목표입니다. 그리고 물론 이러한 주장을 하는 사모펀드 운용사들 블랙스톤, KKR, 아폴로(Apollo)가 스스로 상장 기업이 되었다는 것은 모순입니다.

기관투자자들이 상장 주식 시장의 '단기주의'를 비판할 때, 어쩌면 실제로는 시장 가치평가의 투명성을 비판하고 있는 것일지도 모릅니다.

인터넷과 빅데이터의 발전으로 대부분 투자자가 상장 주식 지수를 이기지 못한다는 사실이 더욱 분명해졌으며, 이로 인해 저비용 수동형 지수 투자방식이 부상하게 되었습니다. 따라서 고액의 보수를 받는 투자 운용사들이 수치가 보다 모호하고, 잘못된 의사결정의 결과가 분 단위가 아닌 몇 년에 걸쳐 드러나는 사모 시장으로 자금을 옮기는 것을 선호하는 것이 놀라운 일이 아닐지도 모릅니다.

따라서 사모펀드 운용사들은 높은 수익률에 대한 희망으로 부채를 추가하고, 변동성을 숨기기 위해 가짜 회계를 사용하게 됩니다. 그리고 사모펀드에 자본을 쏟아부은 기관투자자들은 이러한 '가짜 행복'을 선호하는데, 이는 경력 위험 및 이해 관계자들에게 상장 시장의 변동성을 설명해야 하는 힘든 일을 줄여 줍니다.

시장은 예측 불가능하고 언제나 변할 수 있지만, 인간의 행동은 종종 예측 가능합니다. 그리고 투자자들도 사람이기 때문에, 시장을 이해하고 이기고 싶은 투자자는 심리학을 공부하는 것이 아마도 더 나은 전략일 수도 있습니다.

제3장에서 보았던 슈라이퍼의 주장, 즉 위기의 씨앗은 항상 경기가 좋을 때 뿌려진다는 것을 되새겨 본다면, 투자자는 이 연구에서 어떤 교훈은 얻어야 할까요?

호황일 때 위험 무시, 과도한 대출, 사모펀드와 같이 유동성이 떨어지는 징후가 명백한 투자는 피해야 합니다. 사모펀드는 오늘날 여러 투자자들이 함께 오류를 범할 가능성이 가장 큰 시장입니다.

사모펀드 운용사들은 그들 포트폴리오 기업들에 점점 더 많은 부채를 지우고 있습니다. 연방준비제도는 2008년 금융위기 이후 순부채/EBITDA 비율이 6을 초과하는 대출에 대해 경고했지만, 오늘날 대부분의 사모펀드 거래는 더 높은 레버리지 수준으로 이루어지고 있습니다.

사모펀드가 레버리지(차입) 인수를 통해 보유하는 레버리지 주식은 유동성이 점점 더 떨어지고 있습니다. 현재 대다수 포트폴리오 기업들의 보유 기간은 5년이 넘고, 이는 역대 가장 유동성이 떨어지는 자산군입니다.

오늘날 사모펀드는 슐라이퍼가 위기를 초래하는 요소로 지목한 모든 요소들을 가지고 있습니다. 투자자들을 깨워서 공황을 유발하는데 필요한 것은 이들 포트폴리오에 내재한 극단 위험(tail risk)을 투자자에게 상기시키는 어떤 사건, 예를 들어 대형 사모펀드 하나가 파산하는 것과 같은 사건입니다.

이 과열된 시장에서는 신중해야 하고, 시장 합의, 레버리지, 비유동성으로 이러한 위험한 상황이 초래되지 않는 영역을 찾는 것이 현명합니다. 보다 매력적인 시장은 비관론이 많고 매도하려는 사람들이 많은 시장입니다.

투자자들은 호황기에는 과거 높은 수익률을 보인 자산(예, 사모펀드)에 대해 지나치게 낙관적으로 되고, 무서운 사건(예, 코로나 19 대유행)이 발생한 후에는 지나치게 비관적으로 되는 실수를 저지르는 경향이 있습니다. 투자자가 초과 이익을 얻고, 이러한 예측 가능한 오류를 피하기 위해서는 다른 투자자들이 감수하고 싶어 하지 않는 위험을 감수해야 합니다. 즉 퍽(puck)이 아닌 선수를 보고 플레이를 해야 합니다.

하지만 이에 앞서 기부금 재단 모형과 존 보글이 개척한 급진적으로 다른 접근법을 대조해 봅시다. 이 급진적 모형은 네바다 공무원 퇴직연금제도(PERS)와 이의 반골적 최고투자책임자 스티브 에드먼슨이 흔하지 않은 재단 및 기부금 재단 부문에서 가장 잘 보여줍니다. 다음은 월스트리트저널 기사에 소개된 내용입니다.

"에드먼슨은 350억 달러 규모의 연기금을 모두 수동형 주식 및 채권 지수에 투자했습니다. 월스트리트저널은 일반적으로 그 정도 규모의 펀드가 연간 투자 운용 수수료로 약 1억 2천만 달러를 지급했을 것이라고 추산했지만, 실제 에드먼슨은 2016년에 단지 1천 8백만 달러만 지불했습니다. 이전에 와인 유통업자였던 에드먼슨은 총보수로 약 20만 달러만 받았고, 낡은 혼다 자동차를 몰았고, 직원도 두지 않았고, 자산 배분 재조정을 위한 포트폴리오 조정은 1년에 한 번만 했습니다."

훨씬 적은 비용을 지출했음에도 불구하고, 아니 그랬기 때문에 (제 주장) 2022년 6월까지 5년 동안 네바다 공무원 퇴직연금은 대학 기부금 재단보다 평균 130 bps 높은 성과를 거두었습니다. 투자자문 프레스턴 맥스웨인(Preston McSwain)은 이를 '상대적 알파(relative alpha)'라고 불렀으며, 이는 어리숙한 친구들이 화려한 매니저가 있고 높은 수수료를 부과하는 투자기관을 통해 달성한 것을 넘어서는 성과였습니다.

기관 포트폴리오를 연구하는 리처드 에니스(Richard Ennis)는 「대체 투자가 도움이 되었나, 아니면 손실을 끼쳤나(Have Alternative Investments Helped or Hurt)」라는 논문에서 네바다의 초과성적이나 그 나머지 업계의 저조한 성적에서 분명히 얻을 수 있는 교훈이 있다고 주장했습니다. 그는 이렇게 썼습니다. "2008년 글로벌 금융위기 이후, 미국 공공부문 연기금은 연간 약 1.2%의 마이너스 알파를 기록했는데, 이는 거의 모두 대체투자에 대한 노출과 관련이 있다."

기부금 재단 모형이 예일대학교에는 좋았을지 모르지만, 이를 모방한 사람들에게는 함정이 되었습니다. 에니스는 이를 일부 대체투자의 높은 비용 때문이라고 했습니다. 그는 대체자산은 비용이 약 300 bps인 반면, 주식과 채권은 일반적으로 약 30 bps의 비용이 든다고 추정합니다.

연기금의 대체자산 배분의 평균적인 규모를 고려할 때 이러한 차이로 수동형 투자와 대비되는 연기금의 저조한 전체 성적을 설명할 수 있을 것입니다.

대체투자에 자산을 배분하기 위해서는 자산 운용사의 기술에 대한 주목할 만한 수준의 낙관론, 그리고 투자자의 적합한 운용사 선택 능력에 대한 오만함이 있어야 합니다. 저는 이것이 오늘날 금융시장에서 가장 큰 거품이며, 이 거품이 특히 연기금과 비영리 기부금 재단에 위험을 초래한다고 믿습니다.

월가는 투자자들에게 많은 것들을 약속할 수 있습니다. 사모펀드는 매력적인 제안을 합니다. 높은 수익, 낮은 위험, 종목 선택, 경영 개선, 우월한 형태의 자본주의. 하지만 사모펀드의 부상과 그 함정을 연구해보면 이러한 약속 중 많은 것들이 얼마나 공허한지 알 수 있습니다.

마케팅은 무시하고, 대신 이들 회사에 대해 알고 있는 것에 집중하면, 매우 다른 결론에 도달하게 됩니다. 결국 누가 자신의 포트폴리오의 40%를 S&P500을 능가하는 평가가치로 거래되는, 의무 보호 예수 기간이 10~12년이고, 2%의 운영수수료와 20%의 성과 수수료를 지급해야 하는, 레버리지 높고 마진 낮은 초소형주에 투자하고 싶겠습니까? 하지만 오늘날 상위 대학 기부금 재단 대부분이 그렇게 하고 있습니다.

회의주의는 겸손함의 외향적 표현이며, 사모펀드의 좋지 않은 전망을 표현하기에 가장 유용한 방법입니다. 사모펀드는 오늘날 시장에서 보다 만연해 있는 패턴의 한 예시입니다. 위험 간과, 과도한 대출, 유동성 부족은 자산 가격 거품을 만들어내고 이는 붕괴로 이어집니다. 빌린 돈으로 증폭된 투자자들의 열정은 한정된 투자 대상을 압도하고, 가격은 펀더멘털로 정당화될 수 있는 수준을 넘어 급등합니다.

이러한 패턴은 계속해서 반복되며, 새로운 인기 투자처의 유혹을 경계하는 것이 겸손한 투자자가 취할 수 있는 최선의 길입니다.

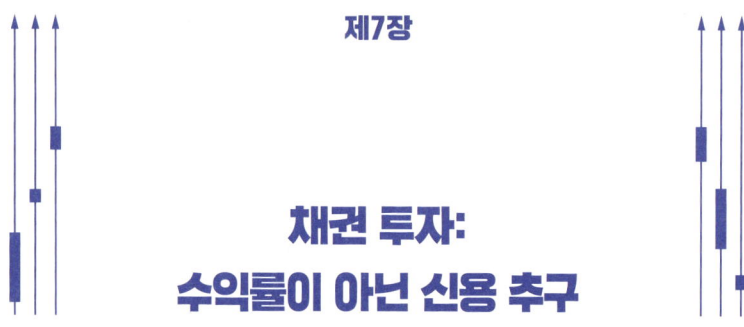

제7장

채권 투자: 수익률이 아닌 신용 추구

빌 그로스(Bill Gross)는 핌코(PIMCO)의 총수익 펀드(Total Return Fund)의 포트폴리오 매니저로서 한때 세계 최대의 능동형 채권 펀드를 운용했고, 매년 벤치마크를 150 bps 초과하는 성적을 냈습니다. 그의 기록은 매우 인상적이어서 포춘(Fortune) 잡지는 그를 '채권왕(Bond King)'이라고 명명했습니다. 그러나 그로스는 워런 버핏(Warren Buffett)이나 피터 린치(Peter Lynch)만큼 유명하지는 않았습니다. 채권 시장은 따분하기로 악명 높았고, 포춘지가 표현한 대로 '노년의 쿠폰 수집가와 수학 괴짜들을 위한 안식처'로 여겨졌기 때문입니다.

그로스를 성공으로 이끈 것은 기회가 생겼을 때 고수익 채권과 같은 시장에 뛰어들어 위험을 감수하는 태도와 포춘지에서 설명한 대로 '가치를 결정하고 감정적 반응을 줄이는 명확한 수학적 공식'에 의존했기 때문입니다.

채권은 주식과는 매우 다릅니다. 채권은 변동성이 훨씬 적고 보다 예측이 가능합니다. 그 결과 과거 채권 시장은 주식 시장보다 초과 수익을 내기가 더 쉬웠습니다. 제2장에서 살펴본 바와 같이 SPIVS 보고서에 따르면 장기간에 걸쳐 초과 수익을 내는 주식 펀드는 매우 적습니다.

그러나 2022년까지 15년 동안, 고수익 채권 펀드의 약 20%, 일반 채권 펀드의 25% 이상, 그리고 놀랍게도 글로벌 수익 펀드(Global Income Funds) 중 42%가 벤치마크를 능가하는 성적을 거두었습니다.

채권 수익의 원동력을 들여다보면, '쿠폰 수집가와 수학 괴짜들'의 시장에서 기대할 수 있는 것보다 훨씬 더 흥미로운 것들을 발견할 수 있습니다. 쿠폰 수집가와 수학 괴짜들의 시장은 비효율성, 예측, 그리고 물론 인간 오류가 만연한 곳입니다. 채권은 화려해 보이지 않을 수 있지만, 부지런히 과거를 연구함으로써 초과 이익을 얻고자 하는 소박한 투자자에게는 매력적인 시장입니다.

채권에는 여러 유형이 있지만, 가장 크고 흥미로운 부문은 국채 시장과 회사채 시장입니다. 국채 시장은 거시 경제에 의해 움직이기 때문에 매우 흥미롭습니다. 이 시장에 능동형으로 투자하려면 성장, 인플레이션, 금리의 연관성을 명확히 이해할 수 있어야 합니다. 이 주제는 무미건조하지만 제가 흥미롭게 만들어 드리겠습니다.

이에 반해 회사채 시장에는 파산위험과 신용도를 고려해야 한다는 점이 추가되며, 회사의 위험을 키우거나 줄이는 것에 대한 이해가 필요합니다.

국채와 거시 경제

스탠퍼드대학교의 경제학자 존 테일러(John Taylor)는 수십 년 동안 연방준비제도를 상대로 지적 전쟁을 벌여왔습니다. 테일러는 금리가 연준 이사회의 '철인 군주'들에 의해 결정되어서는 안 된다고 믿습니다. 그는 인간의 판단이 갖는 오류와 편향성을 고려할 때, 금리는 인간의 판단이 아닌 공식에 의해 결정되어야 한다고 주장합니다.

연방준비제도 의장이 아직 로봇으로 교체되지는 않았지만, 테일러 규칙은 연준 정책을 세우는 데 매우 많은 영향을 끼쳤습니다. 그리고 테일러 규칙을 이해하는 것은 국채 시장이 어떻게 작동하는지를 이해하는 데 있어 중요한 열쇠입니다.

테일러는 금리는 주로 성장률과 인플레이션 변화에 따라 조정되어야 한다고 믿었습니다. 즉 인플레이션이 목표 인플레이션을 초과하거나, 실질 성장률이 성장추세(잠재력)를 초과하면 금리는 상승해야 하고, 반대로 인플레이션이 목표 인플레이션보다 낮거나 실질 성장률이 성장추세보다 낮으면 금리는 하락해야 한다는 것입니다.

따라서 투자자로서 우리의 직관은, 금리는 명목 GDP 성장률을 대체로 추종해야 한다는 것입니다. 실질 GDP 성장률 때문이나 인플레이션 때문에 명목 성장률이 증가하면, 금리는 상승해야 하고, 그 반대의 경우에는 금리가 하락해야 한다는 것입니다. 이는 금리가 일반적으로 경제 회복기에는 상승하고, 경기 침체기에는 하락한다는 것을 의미하며, 국채는 경제 상황이 좋지 않을 때 좋은 안전자산 수익을 제공하는 경향이 있음을 의미합니다.

이를 다른 방식으로 생각해 보면 국채 수익률은 다른 투자로 얻을 수 있는 수익에 대해 상대적으로 결정된다고 볼 수 있습니다.

만약 주식이나 기타 위험 자산의 수익 전망이 악화된다면, 낮지만 더 안전한 국채의 수익률이 상대적으로 더 매력적으로 보이게 됩니다.

이러한 관계는 미국 국채는 궁극적으로 경기에 역행하는 자산군임을 의미합니다. 국채는 경기 역행적인 속성을 가지는데, 이는 성장과 인플레이션이 떨어질 때 국채금리는 떨어지고, 국채 값은 상승하기 때문입니다. S&P500 지수가 10% 넘게 떨어졌던 기간에 국채의 연평균 복합수익률은 5%를 기록했지만, S&P500은 -26%의 손실을 보였습니다. 전미경제연구소(NBER)의 정의에 따르면 경기 침체 기간, 국채는 평균 11.5%의 수익을 실현했지만 S&P500은 -1%를 기록했습니다.

국채에 가장 큰 위험은 인플레이션

국채는 인플레이션이 급등할 때 타격을 받을 수 있는데, 특히 인플레이션이 연방준비제도의 대응보다 훨씬 빠르게 움직일 때 그렇습니다. 과거, 연준은 인플레이션 급등보다 경기 침체에 더 민감하게 대응했기 때문에 인플레이션이 급등할 때 연준의 대응이 뒤처지는 경향이 있었습니다. 이는 인플레이션 급등 시기에 테일러 규칙에 따른 금리와 연준 금리의 차가 가장 크다는 것을 의미합니다.

테일러의 연구에 따르면, 1980년대 후반과 1990년대 대부분 연준의 목표금리는 테일러 규칙을 근접 추종하였습니다. 테일러는 1980년대 이전과 2000년대 중반, 그리고 2021년과 2022년에 연준이 경제 성장과 인플레이션 변화에 제대로 대응하지 못했다고 믿었습니다. 실제로 이들 시기는 인플레이션에 의한 명목 성장률 증가와 더불어 금리가 상승했고, 국채 투자자의 수익률이 낮아졌음을 의미합니다.

국채는 신비로운 것이 아닙니다. 국채는 명목 성장에 대해 예측 가능한 방식으로 반응합니다. 실질 성장과 인플레이션이 모두 하락하여 명목 성장이 떨어질 때, 국채는 특히 좋은 성과를 보입니다. 반대로 명목 성장과 인플레이션이 모두 상승할 때, 국채는 특히 좋지 않은 성과를 보이지만, 이는 다른 자산군에서 좋은 수익을 경험할 가능성이 큰 투자자들에게는 일반적으로 그다지 큰 고통이 되지는 않습니다.

투자자들에게 가장 고통스러운 조합은 실질 성장률 하락과 인플레이션 상승입니다. 인플레이션율이 성장율보다 변동성이 더 크기 때문에, 실질 성장률이 하락함에도 불구하고 국채 투자수익률이 타격을 받을 수 있고, 다른 자산들도 실질 성장 하락으로 또한 어려움을 겪게 됩니다.

국채와 관련한 마지막 복잡성은 듀레이션 또는 평균수명이라는 개념입니다. 국채는 단기, 중기, 장기 등 듀레이션이 다양합니다. 하지만 이러한 미묘한 차이에 속으면 안 됩니다. 국채의 듀레이션은 레버리지와 유사하다고 생각하면 됩니다. 대부분은 30년 만기 국채는 1년 만기 국채와 같은 방향으로 움직이지만, 그 변동 폭이 더 클 뿐입니다. 듀레이션이 높다는 것은 베팅 방향은 같으나 변동성이 크다는 것일 뿐입니다. 따라서 투자자들은 결과가 좋든 나쁘든, 자신이 그 결과에 대해 얼마나 레버리지를 걸고 싶은지에 따라 만기와 듀레이션을 선택해야 합니다.

회사채: '바보의 수익률'에 속지 말자

국채와 달리 회사채는 실질적인 상환 위험이 존재합니다. 원금을 회수하지 못할 가능성이 훨씬 더 높습니다. 회사채 투자의 핵심 과제는 이 위험에 대해 얼마만큼의 대가를 요구할 것인지, 즉 부도 위험에 대해 얼마의 부채 수익률 요구해야 할지 결정하는 것입니다.

더 높은 수익률로 차입해야 하는 기업일수록 일반적으로 채무불이행 위험이 더 큽니다. 대출은 인류 역사상 두 번째 오래된 직업인 만큼, 이러한 수익률은 위험을 효율적으로 반영하는 경향이 있습니다. 따라서 대출 시장에 관한 실증적 연구에 따르면, 보통 수익률이 일정 수준을 넘어서면 고수익 대출이 실제로는 더 높은 실현 수익으로 이어지지 못하고, 오히려 위험 범위를 확대할수록 손실 증가가 수익률을 능가함으로써 실현 수익은 줄어드는 것으로 나타났습니다.

수익은 약정서에 적힌 높은 수익률이 아니라, 수익률에서 손실을 뺀 값입니다. 그러나 투자자들은 약속된 높은 수익률에만 집중한 나머지, 미래 예상 수익률 추정 시 차감해야 하는 미래 손실 가능성은 고려하지 않는 경향이 있습니다. 저는 이러한 현상을 '바보의 수익률'이라고 부릅니다.

● 그림 7.1: 랜딩 클럽(LendingClub) 데이터: 금리와 소비자 대출 실현 수익 비교

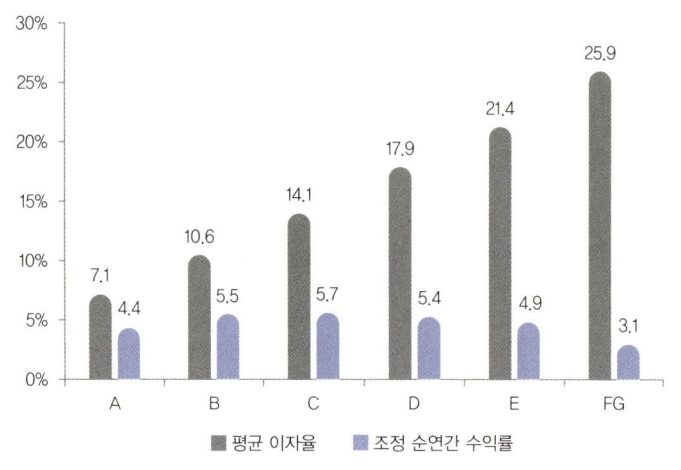

출처: LendingClub

이 실증적 연구 결과를 더 잘 이해하기 위해 온라인 소비자 대출 업체인 랜딩 클럽(LendingClub)의 사례를 살펴보겠습니다. 랜딩 클럽은 차용자의 위험도에 따라 7%에서 25%까지 수익률이 다양한 대출을 제공합니다.

최우량 차입자는 'A' 등급으로, 가장 위험한 차입자는 'FG' 등급으로 분류됩니다. 그러나 이렇게 대출 수익률 구간이 매우 넓음에도 불구하고, 실현 총투자수익율이 6%를 넘는 대출 카테고리는 없었습니다(그림 7.1 참조). 수익률이 가장 높은 대출이 실제는 투자수익이 제일 높지 못합니다.

랜딩 클럽의 대출은 '바보의 수익률'의 좋은 예입니다. 이는 투자자들이 높은 수익률에 현혹되어 수익률이 낮은 더 안전한 채권보다 실현 수익이 더 낮은 채권에 투자하는 현상을 말합니다.

장기 채권 시장 데이터 연구에 따르면, '바보의 수익률'은 기업 신용시장에서 지속해서 나타나는 현상입니다(표 7.1 참조). 1997년부터 2019년까지 22년 동안, B등급과 CCC 등급 채권은 등급은 높으나 수익률은 낮은 BB등급 채권보다 실현된 총수익이 낮았고, 샤프 비율(수익률/위험)은 훨씬 더 낮았습니다.

표 7.1에서 볼 수 있듯이 신용 등급이 하락함에 따라 평균 수익률은 상승합니다. 고신용 AAA 채권의 평균 수익률은 4%지만, CCC 정크본드의 평균 수익률은 거의 15%에 달합니다. 하지만 실현 수익과 샤프 비율은 BB 등급이 가장 높습니다. 신용 등급 카테고리 BB는 위험조정수익률의 중심축으로 보입니다.

● 표 7.1: 회사채의 위험과 수익 특성 (1997~2019)

	AAA	AA	A	BBB	BB	B	CCC
평균 수익률	4.3%	4.3%	4.8%	5.5%	7.1%	8.9%	14.7%
실현 수익률	5.2%	5.3%	5.5%	6.2%	7.1%	6.0%	7.2%
변동성(표준 편차)	5.0%	4.4%	5.3%	5.6%	7.1%	8.9%	14.2%
수익률/위험	1.0	1.2	1.0	1.1	1.0	0.7	0.5
최대 낙폭	−9.3%	−11.3%	−18.1%	−17.2%	−25.1%	−34.0%	−48.6%

출처: FRED, ICE BofAML Indices, 1997년 1월 ~ 2019년 3월

위험성이 더 높은 카테고리 B와 CCC 채권들이 훨씬 더 매력적인 수익률을 제공하지만, 높은 수준의 디폴트(채무불이행) 때문에 실현 수익은 나빠지고, 샤프 비율은 훨씬 더 낮습니다.

이는 개별 채권 데이터를 살펴보면 더욱 명확해집니다. 그림 7.2는 1997년 이후 모든 달에 각 등급의 채권을 매입하여 만기까지 보유했을 때 그 결과의 평균치를 보여줍니다.

투자자들은 BB3 등급 이하의 경우, 더 적은 위험으로도 달성할 수 있는 똑같은 수익을 얻기 위해 더 많은 위험을 감수하고 있습니다. 회사채의 최고 수익 구간은 중간 등급(BB1에서 BB3)입니다. 이 구간은 부도율이 낮고, 바보들을 유혹할 정도로 수익률이 높지 않으며, 투자등급 채권만을 매입해야 하는 기관투자자들은 참여할 수 없는 구간입니다.

● 그림 7.2: 매수 보유 실현 수익과 수익률 (1997~2019)

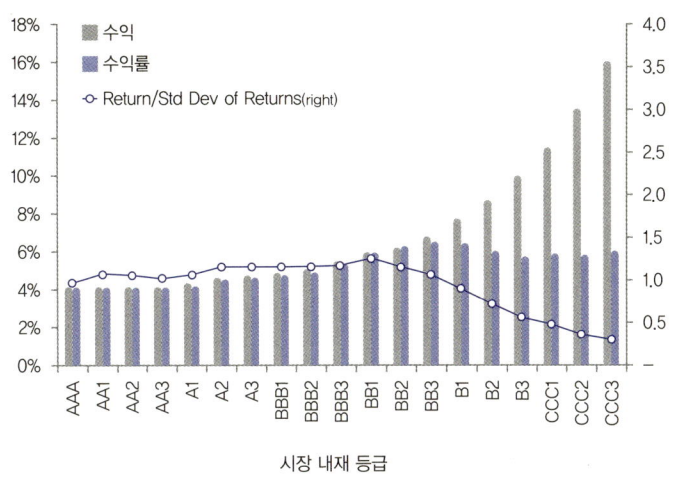

출처: Verdad Research
참고: 데이터는 1997년 1월부터 2019년 2월까지의 선진국 시장 회사채(금융 및 유틸리티 제외)에 대한 것이다. 시장가격에 내재된 등급은 채권의 시장 거래가를 반영한 등급을 의미한다.

 이러한 잘못된 가격 책정의 주된 원인은 미래 부도 위험은 때때로 식별이 어렵지만, 이표 금리 8%가 이표 금리 7%보다 높다는 사실은 쉽게 알 수 있기 때문입니다. 부도 주기와 채권 손실은 일반적으로 경기 사이클의 끝자락에서 발생하는 주기적 현상입니다. 강세장이 장기화할수록, 과거의 고통스러운 기억이 멀어져 갈수록 투자자들은 높은 수익률에 유혹당하기 쉽습니다.

 실제 승리하는 전략은 경기 주기가 끝나가는 무렵에 조금 더 위험을 감수하는 것입니다. 그러나 위험 곡선을 따라 한 걸음씩 내려갈 때마다 투자자들은 부도로 인한 추가 손실이 수익률 상승을 압도하는 위험을 감수하게 됩니다. 바보의 황금처럼, 바보의 수익률도 겉보기에는 반짝이고 매력적이지만, 훈련된 투자자의 눈에는 무가치해 보입니다.

신용 등급이 중요한 이유

회사채 투자에서 승리하기 위해서는 위험 스펙트럼에서 총수익은 극대화되면서도 아직 '바보 수익률'이 작동하지 않는 지점을 찾아야 합니다.

이는 바로 BB등급 구간입니다. 이는 질적인 면에서 투자등급 바로 아래지만, 정크본드 시장의 상단입니다. B등급으로 강등되면 부도 가능성은 신용 등급으로의 상승 가능성과 같거나 더 높아집니다. 신용평가사가 B 또는 CCC 등급을 부여한다면, 그 의미는 분명합니다. 부도 손실을 입고, 약속된 수익률을 받지 못할 수도 있습니다. 등급별 수익 지수가 이를 입증합니다.

채권의 예상 수익은 주로 매입 수익률과 예상 부도율의 함수입니다. 후자는 신용평가 기관이 매우 잘 예측하는 분야입니다.

채권 시장에서의 성공적인 개별 증권 선택을 위해서는 신용 등급이 어떻게 작용하는지 깊이 있는 이해가 필요하므로 연구해 볼 만한 가치가 있습니다.

신용평가 기관이 사용하는 평가과정은 비교적 단순하지만 일관

● 표 7.2: 신용등급별(발행기관 가중) 중위 신용지표

Univariate R2	53%	38%	38%
등급	EBIT($백만)	EBITDA / 이자	부채 / EBITDA
A	3,682	14.5배	2.5배
BBB	1,140	9.3배	3.0배
BB	434	5.9배	3.9배
B	191	4.0배	5.1배
CCC	92	3.0배	5.1배

출처: Verdad Bond Database

성과 반복성이 있어 강력한 도구가 됩니다. 구체적인 방식은 기관마다 다를 수 있지만, 각 기관은 공통으로 점수표 방식을 사용합니다. 이 과정에 따라 기업들을 신속하게 신용등급별로 분류하며, 등급이 서로 다른 기업들은 현저하게 다른 재무적 특성을 보입니다.

표 7.2는 세 가지 간단한 신용 통계, EBIT(규모), EBITDA/이자(지급 능력), 부채/EBITDA(부채 수준)가 신용 등급에 따라 어떻게 달라지는지를 보여줍니다.

서로 등급이 다른 기업들 사이에는 커다란 정량적 차이가 있습니다. 예상대로 이 알고리즘 예측과정은 본래의 목적, 즉 기업의 부도율을 예측하는 데 매우 뛰어납니다. 알고리즘 예측 모형이 임상적 예측 모형보다 우수하다는 것을 이보다 더 반복적이고 잘 보여주는 결과는 없습니다.

● 표 7.3: 5년간 부도율 및 등급 상향 비율

등급	5년간 부도율	5년간 등급 상향 비율
Aaa	0%	0%
Aa	0%	2%
A	1%	7%
Baa	2%	13%
Ba	8%	17%
B	21%	10%
Caa-C	34%	11%

참고: 숫자가 다르게 나타나는 이유는 서로 다른 기간(피치 데이터에는 1980년대 후반의 부도율 급증이 반영되지 않음)과 범위의 차이 때문이다. 무디스(Moody's)는 더 광범위한 범위를 포함하며, 투자등급 이하의 부채도 더 많이 포함하고 있다.

표 7.3은 무디스(Moody's)가 추정한 5년간의 부도율을 보여줍니다.

신용 등급은 부도율 예측에 매우 훌륭한 역할을 하는 것으로 보입니다. Aaa나 Aa 등급을 받은 채권은 향후 5년 동안 단 하나도 부도가 나지 않지만, Caa-C 등급을 받은 채권은 34%가 부도납니다.

신용 등급은 회사채 시장의 독특한 측면으로, 주식 투자자들은 이해하기 어려울 수 있습니다. 왜냐하면 주식 시장에는 이와 유사한 개념이 존재하지 않기 때문입니다. 하지만 신용은 주식보다 더 예측 가능하며, 신용지표를 더 정확하게 추종합니다. 신용평가 기관이 특별히 뛰어나지 않더라도, 변동성이 크고 부채가 많은 작은 기업이 부채가 적은 S&P500 대기업보다 부도 위험이 크다는 것은 쉽게 판단할 수 있습니다.

따라서 신용평가 기관이 개별 채권에 대해 종종 틀릴 수는 있지만, 평균적으로는 대체로 정확히 평가하는 경향이 있습니다.

그 결과 채권 가격은 종종 신용 등급에 근접해 따라갑니다. BBB 등급 채권은 거의 항상 B 등급 채권보다 수익률이 낮으며, 이러한 상대적 가격 책정은 대부분 정확합니다. 이는 채권 투자자들이 맹목적으로 신용평가 기관의 의견을 따르는 것이 아니라, 이를 스스로 분석하는 투자자들이 신용평가 기관과 유사한 의견을 도출하는 경우가 많기 때문입니다.

신용 등급을 이해하게 되면, 채권 초과 수익률의 여러 가지 요인들을 이해할 수 있습니다. 채권, 특히 고수익 채권이 단순히 수익률만큼 수익을 낸다는 것은 사실이 아닙니다. 그림 7.2에서 볼 수 있듯이 부도율을 극복할 수 있을 것이라는 기대로 수익률에 베팅하는 것은 지는 게임입니다. 신용도 변화는 채권 성적에서 의미 있는 차이를 유발하는 요인입니다.

이를 간단하게 확인하는 방법은 신용평가 기관에 의해 등급이 상향 조정된 채권과 하향 조정된 채권의 성적을 비교해보는 것입니다.

그림 7.3에서 볼 수 있듯이 등급이 한 단계 상향된 채권은 매입 수익률이 4.5%였지만, 실현 수익률은 6.4%였습니다. 반대로 등급이 한 단계 하향된 채권은 매입 수익률이 5.4%로 더 높았지만 실현 수익률은 3.6%에 그쳤습니다.

이 예시에서 분명히 보여주는 것은 채권 투자에서 수익을 내는 방법은 수익률이 높은 채권을 선택하는 것이 아니라, 향후 신용도가

● 그림 7.3: BB 등급 채권의 매입 수익률과 신용 등급 상승 및 하락에 따른 실현 수익 변화 (2015~2020)

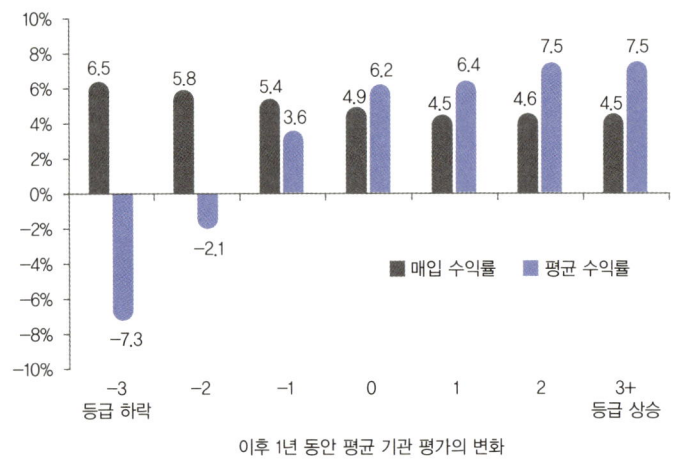

출처: Verdad Debt Database, 2015년 10월 ~ 2020년 10월 데이터

개선될 채권을 선택하는 데 있다는 것입니다. 채권 수익을 실제로 좌우하는 요인을 이해하는 핵심은 신용 등급 변화의 요인을 파악하는 것입니다. 기본적인 신용지표가 제시하는 채권의 적정등급과 채권의 수익률이 암시하는 적정등급 사이의 차이에 주목해야 합니다.

투자자가 던져야 할 질문은 어떤 채권이 더 많이 주겠다고 약속하는지가 아니라, 어떤 채권이 자신의 신용에 비해 가격이 잘못 책정돼 있는가 하는 것입니다. 추구해야 할 빛나는 목표는 수익률이 아닌 신용입니다.

채권 투자에서의 오만함은 높은 수익률을 좇으며, 그 높은 수익률이 더 높은 실현 수익으로 이어질 것이라고 기대하는 것입니다. 하지만 이는 '어리석은 자의 수익률'에 불과하며, 겸손한 투자자라면 국채와 BB등급 회사채에 집중하는 채권 포트폴리오를 보유해야 합니다. 절대 실현되지 않을 수익률에 대한 약속보다는 신용과 보수적 관점을 우선시해야 합니다.

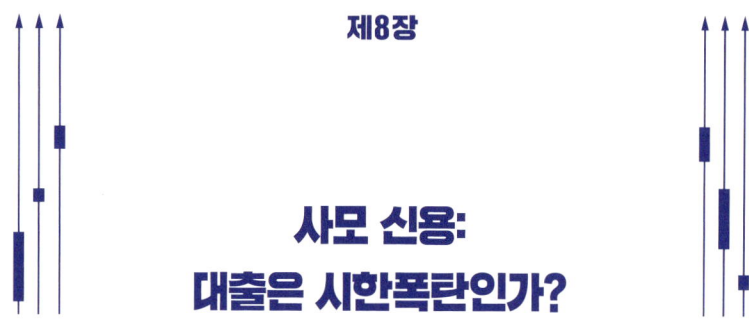

제8장

사모 신용: 대출은 시한폭탄인가?

오늘날 사모펀드는 1970년대와 1980년대 정크본드 시장의 발전이 없었다면 존재하지 않았을 것입니다. 그리고 정크본드 시장은 마이클 밀켄(Michael Milken)이라는 사람 없었다면 존재하지 않았을 것입니다.

드렉셀 번햄(Drexel Burnham)의 스타 채권 트레이더였던 밀켄은 위험이 큰 작은 기업들을 지원하는 고수익 채권 시장이 존재한다는 것을 깨달았습니다. 그리고 그는 드렉셀 번햄이 이러한 채권을 발행하면 많은 수수료를 받을 수 있다는 것을 알게 되었습니다. 밀켄은 단순히 다양한 유형의 기업들로 신용을 확대하는 것에 그치지 않고, 인수합병을 위해 선제적으로 신용을 제공하기도 했으며, 1980년대에 차입매수(LBO) 자금을 최초로 제공하기도 했습니다.

1980년대 금리가 하락하기 시작하면서 정크본드를 통한 자금조달이 급성장했습니다. 1979년에는 100억 달러에 불과했던 정크본드 발행 규모가 1989년에는 1,890억 달러로 늘어났습니다.

베인 캐피털(Bain Capital)이나 칼라일(Carlyle)과 같은 LBO 기업들은 정크본드 발행을 통한 소규모 기업 인수를 위해 이 새로운 시장을 이용하기 시작했습니다. 기관투자자들이 이러한 부채와 LBO 지분의 주요 매수자였습니다.

앞서 언급했듯이 대출은 아마도 두 번째 오래된 직업일 것입니다. 그리고 대출의 혁신은 결말이 좋았던 경우는 드물었습니다. 정크본드 자금 조달도 예외는 아니었습니다.

● 그림 8.1: 무디스의 투기 등급 부도율 (1975~1995)

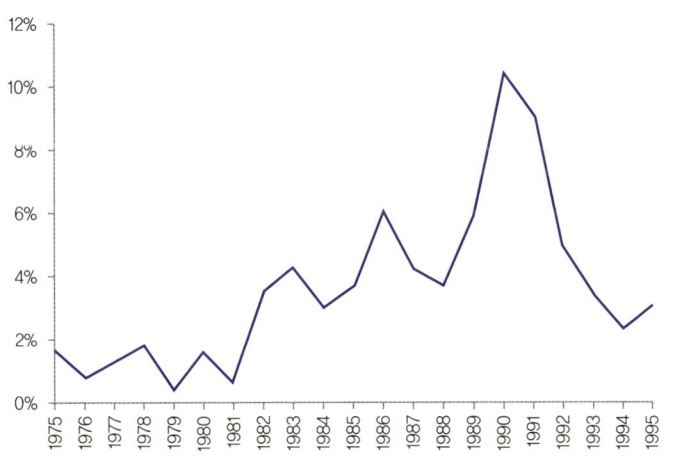

출처: Moody's, Verdad Research

그림 8.1은 투기등급 채권의 부도율 보여줍니다. 1989년에서 1991년까지의 기간은 미국 역사상 대공황과 2008년 금융위기에 이어 세 번째로 높은 부도율을 기록한 시기였습니다. 대출 기관들은 너무 많은 위험을 떠안았고, LBO는 지나치게 투기적으로 변했으며, 투자자들은 자신이 무엇을 사는지 완전히 이해하지 못했던 것입니다.

오늘날 사모펀드의 운용 자산은 2022년 6월 30일 기준 11.7조 달러로 증가했으며, 이는 미국 소형주 지수인 러셀 2000지수의 전체 시가총액보다 거의 네 배나 더 큰 규모입니다. 평균적인 차입매수(LBO)는 65%가 부채로 조달되었고, 기업 부채 조달에 대한 수요가 급증하고 있습니다.

사모펀드가 기업 부채에 대한 수요를 많이 증가시켰지만, 은행들은 이러한 유형의 대출이 수익성이 없다는 것을 깨달았을 뿐만 아니라, 정부 규제 당국도 이를 경제에 대한 시스템적 위험으로 경고하고 있었습니다.

사모펀드의 성장과 은행 대출 제한으로 인해 시장에는 커다란 공백이 발생했습니다. 이를 메우기 위해 사모 신용 펀드가 등장했습니다. 프러퀸(Preqin)의 데이터에 따르면 이 인기 있는 자산군의 가용 자금은 2004년 37억 달러에서 2010년 109억 달러, 그리고 2021년에는 무려 2,440억 달러로 성장했습니다. 이 자본의 대부분은 직접대출과 메자닌 부채를 전문으로 하는 사모 신용 펀드에 할당되었고, 이들은 거의 모두 사모펀드의 차입매수 거래를 위한 대출에 집중하고 있었습니다.

기관투자자들이 관심을 두기 시작했습니다. NACUBO 데이터에 따르면 기부금 재단들은 현재 채권 배분액의 10%를 사모 신용에 할당하고 있습니다. 사모펀드에 가장 열광적인 투자자들이 사모 신용에도 가장 큰 관심을 보였습니다.

CalPERS(캘리포니아 공무원 연금)의 최고투자책임자였던 유 벤 멩(Yu Ben Meng)이 남긴 유명한 말이 "우리는 사모펀드가 필요하며, 더 많이, 지금 당장 필요하다"입니다. 그리고 그는 한때 사모 신용에 대해 "지금 포트폴리오에는 없지만 반드시 넣어야 한다"고 말했습니다.

사모 신용에 대한 위험 신호

하지만 사모 신용의 부상에는 불편한 점이 있습니다. 은행과 정부 규제 당국은 이러한 대출 방식은 좋지 않다는 우려를 표명해 왔습니다.

은행들은 2000년과 2008년 경기 침체 당시 부채 연체율과 신용 악화가, 특히 투자등급 이하 기업의 경우, 예상보다 훨씬 심했다는 것을 알았고, 은행은 기업 대출 비중을 1990년대 약 40%에서 현재 약 20%로 줄였습니다. 규제 당국 역시 이러한 경험을 통해 교훈을 얻어 대출 기관들에 부채/EBITDA 비율이 6을 초과하는 레버리지 수준은 "대부분 산업에서 우려를 낳게 한다"며 이를 피하라고 경고했습니다.

피치북 데이터에 따르면, 사모펀드 거래의 대부분이 이 위험 임계값을 초과합니다. 물론 적절한 선취 스프레드를 부과한다면 큰 문제가 되지 않았을 것입니다. 문제는 선취 스프레드/수익률과 예상 부도율 간의 불일치입니다. 그러나 사모 신용 펀드들은 자신들이 더 잘 안다고 생각합니다.

그들은 기관투자자들에게 더 높은 수익률, 더 낮은 부도율, 그리고 물론 사모 시장에 대한 노출(사모는 일부 사람들에게 지혜, 장기적 사고, 심지어 '우월한 형태의 자본주의'와 동의어로 간주함)을 제시합니다.

투자 설명서에서는 2008년 금융위기 이후 정부 규제기관들이 은행들로 하여금 이 수익성 높은 사업에서 철수하도록 강요했고, 그로 인해 신용에 정통한 인수자들에게 거대한 기회가 생겼다고 강조합니다. 사모펀드 운용사는 이러한 레버리지 수준이 합리적이고 지속 가능할 뿐만 아니라, 주식 수익률을 증가시키는 효과적인 전략이라고 주장합니다.

기관투자자들은 이 논쟁에서 어느 편에 서야 합니까? 은행과 규제 당국이 LBO 대출 기회를 이해하지 못할 정도로 지나치게 보수적이고 비관적일까요, 아니면 사모 신용 펀드가 과도한 차입매수로 주목받는 부도의 물결을 겪게 될까요?

사모 신용은 바보의 수익률

과거 경험에 의하면 사모 신용은 설득력 있는 근거를 제시하지 못합니다. 기업 성장 집합투자기구(BDC)는 원래 직접대출 기관으로, 메자닌 금융과 중소기업대출을 전문으로 합니다. BDC는 증권거래위원회(SEC)의 규제를 받는 상장 기업으로, 개인 투자자들이 사모 시장 플랫폼을 이용할 수 있게 합니다. 많은 대형 사모 신용 업체들은 자신의 대출자금을 직접 조달하는 상장 BDC를 보유하고 있습니다. S&P BDC 지수에 따르면, BDC는 2004년부터 2019년까지 자사 투자 상품에 대해 8~11% 이상의 수익률을 제시했지만, 실현 평균 수익은 6.2%에 그쳤습니다.

위 데이터는 은행들이 이 사업 부문에서 철수를 결정할 당시 상황(높은 손실 비율과 큰 하락, 그리고 추가적인 수익 없이 초래되는 많은 문제)을 대략 보여줍니다. 그러나 이러한 BDC 데이터와 고수익률 대출에 대한 직관에도 불구하고, 사모 대출 기관들은 투자자들에게 추가수익률은 위험 증가로 인한 것이 아니며, 사모 신용은 다른 자산군과 상관관계가 낮다고 주장합니다. 모든 사모 신용 마케팅 문구의 핵심은 이러한 대출이 과거 고수익 채권보다 부도율이 약 30% 더 낮았다는 것이며, 특히 2008년 금융위기 동안 좋은 성과를 보인 것처럼 강조합니다.

예를 들어 사모펀드인 하버 베스트(HarbourVest)는 사모 신용이 '자본 보존' 및 '하방 위험 방어'를 제공한다고 주장합니다.

그러나 캠브리지 어소시엇츠(Cambridge Associates)는 사모 신용 펀드의 부도율이 실제로 더 낮은지에 대해 몇 가지 날카로운 의문을 제기했습니다. 이 회사는 사모 신용 부도율을 고수익 채권의 부도율과 비교하는 것은 공정한 비교가 아니라고 지적합니다.

많은 사모 신용대출은 만기 이전에 재협상됩니다. 이는 낮은 부도율을 광고하는 사모 신용업체들이 자산군의 실제 위험을 은폐한다는 것을 의미합니다. 그냥 두면 부도나는 대출을 사실상 '연장하는' 실질적인 재협상입니다. 이러한 실질적인 재협상을 포함하는 경우, 사모 신용 부도율은 공개 신용 등급 B 발행자와 사실상 같을 것으로 보입니다.

이 분석은 사모 신용이 고위험 부채만큼 위험하며, 축소 보고된 부도율이 가짜 행복을 조장할 수도 있다는 것을 시사합니다. 부도 위험을 과소평가하는 것만큼 위험한 것은 거의 없습니다. 만약 이 분석이 정확하고 사모 신용 거래가 대체로 단일 B 등급 부채와 비슷한 성적을 보인다면, 과거 경험상 다음 경기 침체기에는 손실률이 상당할 수 있습니다. 일반적인 경기 침체기에 B 등급 발행자의 부도율은 약 30%입니다(투자등급 발행자는 5% 미만, BB 등급 발행자는 12%만 부도나는 것과 대조적입니다).

하지만 이것도 낙관적으로 본 경우일 것입니다. 오늘날 사모 신용은 15년 전, 심지어 5년 전과 비교해도 훨씬 규모가 커졌고 많이 달라졌습니다. 사모 신용의 급격한 성장과 함께 대출의 질이 상당히 악화되었습니다.

사모펀드 운용사들은 사모 신용 펀드가 이해심이 많고, 관대한 대출 기관들의 대표자로서, 은행이 대차대조표에 기록하길 꺼릴 정도로 거대하고 조건이 열악한 부채 패키지를 기꺼이 제공한다는 것을 알게 되었습니다. 고수익 채권이 사모펀드의 부채 중독 옥시콘틴(OxyContin)이라면, 사모 신용은 펜타닐(fentanyl)입니다.

거래가격 상승, 배당 재자본화(dividend recaps), 그리고 인수합병 전략은 모두 사모 신용에 의해 조장된, 좋지 않은 관행들입니다.

사모 신용 펀드들은 사모펀드들이 거부할 수 없는 혁신적인 상품을 개발했습니다. 가장 강력한 레버리지 효과를 제공하는 이상적인 수단인 통합형 대출(unitranche)입니다. 이는 단일 대출로 인수거래 전체 자금을 조달할 수 있는 구조입니다. 이러한 구조는 준비가 신속하고, 여러 대출 기관이 필요하지 않으며, 비용면에서도 경쟁력이 있습니다.

이 대출 수단은 담보부 대출채권(CLO)과 달리 신용 등급을 요구하지 않기 때문에, 대출 기관들은 신용 등급 제약 없이 대출할 수 있습니다. 최근까지 이 구조는 주로 레버리지 대출 시장에서 제1순위 및 제2순위 담보권 구조로 자금을 조달하기에는 규모가 너무 작은 인수거래를 대상으로 했습니다. 따라서 이는 시장의 공백을 메우는 역할을 했습니다. 그러나 이제 통합형 대출 거래는 대규모 레버리지 대출과 경쟁하고 있습니다.

그리고 마치 심한 중독자처럼, 사모펀드 운용사들은 자신들의 인수거래를 위한 자금조달을 위해 더 저질의 부채를 더 많이 요구합니다.

사모펀드 운용사들은 사모 신용 업체들에게 EBITDA 비해 점점 더 과한 규모의 대출을 요구해왔습니다. 그들을 이러한 대출을 더 키우기 위해 EBITDA를 조정합니다. 또한 대출 계약 조항과 기타 대출 기관 보호장치를 없애고, 부실화된 대출을 재협상하여 특정 스폰서의 거래에 대출을 제공할 수 있는 특권을 지키려 합니다.

사모펀드 운용사들은 중소기업을 대상으로 한 거래시장이 점점 더 과열되는 가운데, 점점 더 높은 가격을 지급하고 인수에 나서고 있습니다. 현재 거래 평가가치의 평균은 조정 EBITDA의 약 12배에 달하며, GAAP EBITDA의 16배까지 갈 수 있습니다. 이는 과거 2007년의 최고치를 훨씬 웃도는 수준입니다. 이러한 높은 인수 가격과 함께, 점점 더 높은 레버리지(차입)에 대한 요구도 뒤따르고 있습니다. 신디케이트 은행 간, 그리고 사모 신용 제공자들 간의 경쟁이 심화하면서, 대출 기관들은 더 많은 부채를 묵인하고, 보다 완화된 신용계약 조건에 동의하게 되었습니다.

사모펀드 운용사들은 초기 레버리지를 높이고 대출 계약 조항을 완화하기 위해 EBITDA 정의의 과도한 조정을 단행하는 사례가 늘고 있습니다. 그 결과 실제 배수는 보고된 것보다 1~2배 더 높을 가능성이 큽니다. 이러한 가산 조정(add-backs)은 아무리 좋게 봐도 의심스러울 수밖에 없습니다.

지금까지의 증거에 따르면 레버리지 차입자들은 자신의 EBITDA 예상치를 달성하지 못했습니다. S&P 글로벌 등급에 따르면, 2016년 사모펀드가 지원한 기업들의 EBITDA는 예상보다 평균 35% 낮았으며, 1/3은 50% 이상 미달했습니다. 2017년에 예상치를 초과한 기업은 없었고, 2018년에도 겨우 6%만이 이를 초과 달성했습니다.

대출자 보호장치는 점점 더 약화되고 있습니다. 무디스는 2008년 금융위기 이후 이러한 계약 조항들이 얼마나 약해졌는지를 분석한 후, 채무불이행 시 평균 회수율 추정치를 과거 평균인 1달러당 77센트에서 2018년 61센트로 조정했습니다.

만약 사모펀드 운용사들이 정말 뛰어난 기업을 인수해 경영을 개선하고 있다면 이 모든 상황도 괜찮을 수 있었을 것입니다. 하지만 사모펀드 운용사들은 점점 더 질이 떨어지는 기업들을 인수해 왔습니다. 임피리컬 리서치 파트너(Empirical Research Partners)의 데이터에 따르면 2018년 처음으로 사모펀드 투자금의 대다수가 수익성이 없는 기업에 투입되었습니다.

그리고 운영 지표는 또한 그다지 뛰어나지 않았습니다. 무디스는 2009년부터 2018년까지 사모펀드가 지원한 309개의 기업을 추적 조사한 결과, 단 12%만 신용 등급이 상향 조정된 반면, 32%는 하향 조정되었다고 밝혔습니다.

무디스는 그 주요 원인으로 LBO(차입매수) 당시 예상했던 재무 성과를 개선하지 못했거나, 신용지표 악화 및 유동성 악화를 겪었기 때문으로 분석했습니다. 신용 등급이 상향된 경우, 그 절반은 기업들이 상장된 이후에 이루어졌습니다.

사모 신용과 사모펀드의 동반 등락

사모 신용은 2008년 금융위기 이후 사모펀드 붐의 핵심 동력이었습니다.

매일 새롭게 등장하는 사모 신용 펀드들이 점점 더 과열되는 이 시장에 대출을 공급하고 있습니다. 하지만 업계 베테랑들은 경고의 목소리를 내고 있습니다. "그들은 아무 바보나 8%의 수익을 낼 수 있다고 생각한다."

가장 좋은 성적을 거두었던 BDC 중 하나인 아레스 캐피털 코퍼레이션(Ares Capital Corp)의 공동 창업자이자 회장인 토니 레슬러(Tony Ressler)가 블룸버그(Bloomberg)와의 인터뷰에서 말했습니다.

"오늘날 사모펀드 거래는 시장에서 가장 위험하고 질 낮은 대출을 대표한다. 은행과 규제 당국의 우려는 점점 더 커지고 있다."

하지만 사모 신용에 대한 투자자의 커다란 관심으로 인해, 신용의 질이 떨어지고 있음에도 불구하고 이들 대출의 수익률은 올라가기는커녕 오히려 떨어지고 있습니다. 수익률이 떨어지자, 직접대출을 제공하는 대출 기관들은 투자자들이 요구하는 마법 같은 목표 수익률에 맞추기 위해 레버리지를 활용하는 구조를 만들었습니다.

현재 저는 상당수의 사모펀드 거래가 너무 과도한 레버리지를 안고 있어, 추가 차입 없이 현금흐름만으로는 이자조차 감당하지 못하는 상황으로 의심하고 있습니다. 그런데도 부도(디폴트)는 제한적으로 발생하고 있는데, 이는 사모 신용 펀드들이 자금을 운용하고자 하는 절박함 때문에(그리고 부도를 공식적으로 인정하지 않기 위해) 계속해서 자금을 공급해주고 있기 때문입니다. 사모 대출 기관들은 막대한 자금 유입으로 인해 부채를 늘리고 조건을 완화함으로써 문제를 무마할 수 있었습니다.

하지만 이런 상황은 영원히 계속될 수 없습니다. 신용시장은 순환적입니다. 대출 관행은 신용 손실이 발생해 대출 기관들이 대출을 줄이기 전까지 계속 악화합니다.

과거에는 은행이 대부분 자금을 공급했기 때문에 은행이 대출기준을 강화할 때만 대출 축소가 일어났습니다. 그러나 지금은 기관투자자들이 대부분 자본을 공급하는 환경이므로, 펀드로의 자금 유입이 마를 때 대출 축소가 발생합니다. 그 시점이 되면 시장은 더 이상 이론적인 손실이 아닌 실제 손실을 반영해 시장이 재조정됩니다.

기본적인 디폴트(채무불이행) 사이클은 단순한 지급 불능상태만이 아니라, 부채가 많은 기업에 재기의 기회를 주는 외부 자금이 단절돼야 완성됩니다. 손실 자금을 대체할 자금 원천이 없을 때, 가장 취약한 기업들이 부도를 내고, 거래 및 신용 손실이 쌓이며, 자금 흐름은 더욱 나빠집니다.

투자자는 사모 신용이 필요 없다

하버드 비즈니스 스쿨 교수인 조시 러너(Josh Lerner)는 '인수 합병

이 고용 성장에 미치는 영향은 경기 순응적'이라고 경고했습니다.

그와 그의 공동 저자들은 '사모펀드 승수 효과(PE multiplier effect)'의 존재를 주장하며, 이는 "경기 변동의 진폭을 증폭시키고, 경제 충격의 영향을 확대한다"라고 설명합니다.

이것이 바로 은행과 규제 당국이, 마치 은혜와 자신의 노력으로 중독에서 벗어난 사람처럼, 사모펀드에 자금을 대출하는 호황 사업을 피한 이유입니다.

사모 신용은 오늘날 혁신적인 대출로, 1980년대 호황과 붕괴를 겪었던 고수익 채권과 유사한 위험성을 내포하고 있는 대출입니다. 새로운 형태의 대출은 결말이 좋은 경우가 거의 없습니다. 이 위험 부채의 호황도 다른 모든 사례와 마찬가지로 예상치 못한 부도의 물결로 끝나게 될 것이라는 경고입니다.

— THE —
HUMBLE
INVESTOR

제3부

시간의 시험을 견디는 투자

THE
HUMBLE
INVESTOR

투자자들은 위기, 거품, 인플레이션을 자신들의 포트폴리오에 대한 위협으로 생각합니다. 하지만 만약 우리가 이러한 현상들을 부정적인 사건이 아닌 기회로 생각한다면 어떻게 될까요?

제3부에서는 다가오는 시장 위기의 징후를 나타내는 지표와 이러한 시기의 투자를 위한 시의적절한 의사결정 방법에 대해 알아보겠습니다.

이 책에서 그래 왔듯이, 두려움이 고조된 시기(그리고 일부의 경우, 기회 상실의 두려움)에 나타나는 행동을 분석하고, 이를 투자자의 의사결정에 적용할 것입니다.

자산군별로, 실증적 증거를 근거로 기본적인 진실들을 파헤쳐 거품 및 위기 시 투자를 위한 논리적 접근법을 결정합니다. 이를 통해 다른 사람들이 냉정함을 잃을 때도 여러분은 침착함을 유지할 수 있을 것입니다.

나약한 투자자들이 포기하고, 매도청산이 강제로 이루어지고, 호황이 불황으로 바뀔 때, 이 연구는 여러분이 자신 있게 '나쁜 시기'를 좋은 결과로 바꿀 수 있게 도움을 줄 것입니다.

제9장

마켓 타이밍은 가능한가?

일반적인 상식은 주식을 사서 보유하되 변동성을 무시하라는 것입니다. 이는 대체로 좋은 조언입니다. 주식 시장은 기본적인 요소(기본 요인들)보다 훨씬 더 변동성이 크고, 과거 수익률이 미래 수익률에 대해 거의 아무것도 알려주지 못함에도 불구하고, 투자자들은 과거를 근거로 미래를 추정하는 경향이 있습니다. 그렇기 때문에 매수해서 보유하는 전략을 취하지 않으면 주가가 올랐을 때 매수하고, 하락할 때 매도하게 될 것입니다.

그리고 파마(Fama)의 효율적시장가설이 여전히 적용될 것이라고 생각할 수 있습니다. 즉 증권 가격은 무작위로 움직이기 때문에 예상 수익에 대한 견해가 없다면, 단순히 자산 배분을 설정한 후 이를 잊어버리고 어떤 변경도 하지 않아야 한다는 것입니다.

하지만 저는 이러한 단순한 세계관에 동의하지 않습니다. 특히 여러 다양한 자산군을 포함하는 광범위한 포트폴리오의 맥락에서는 더욱이 그렇습니다.

시장 타이밍을 위한 가장 간단하고 강력한 주장은 변동성이 시간에 따라 변한다는 것입니다. 알고 있습니다. 여러분은 변동성이 아닌 수익률만 신경 쓴다고 말할 것입니다. 하지만 그것은 변동성에 신경 쓰는 것이 수익을 개선할 수 없다고 가정하거나, 투자자들이 실제로 신경 쓰는 위험을 변동성으로는 잘 측정할 수 없다고 가정할 때의 이야기입니다. 저는 변동성에 신경 쓰는 것이 위험을 낮추는 것은 물론 분명 더 높은 절대 수익률로 이어질 수 있다고 주장합니다.

변동성을 고려할 경우

예상 평균 수익률이 0%인 두 가지 자산을 생각해 보겠습니다. 첫 번째 자산이 10% 상승한 후에 10% 하락했다면, 이 자산은 이제 1% 하락한 상태입니다. 같은 자산이 두 배의 변동성을 가지며 20% 상승한 후에 20% 하락했다면, 이 자산은 4% 하락하게 됩니다. 두 자산 모두 평균 수익률은 0%였지만, 자산의 변동성이 클수록 남는 금액은 더 작아집니다.

따라서 예상 수익률은 모르지만, 변동성에 대한 의견이 있다면 변동성이 낮은 자산을 보유함으로써 더 나은 수익률을 얻을 수 있습니다. 이러한 수학적 결과는 처음엔 저를 놀라게 했지만, 분명히 옳은 것이며, 앞으로 보여드리겠지만 매우 유용합니다.

저는 앞서 이 책에서 자본자산가격결정모형(CAPM)이 유효하지 않다는 점, 즉 변동성이 더 높은 주식이 더 높은 수익률을 내지 않는다는 점에 대해 언급했습니다. 이는 언제나 그렇습니다. S&P500의 변동성이 더 큰 기간이 S&P500의 수익률이 더 높은 기간은 아닙니다. 주식이나 시간에 따른 변동성과 예상 수익률 사이에는 전혀 아무런 관계가 없습니다.

따라서 주식의 예상 수익률은 같으나 주가 변동성이 높은 달과 변동성이 낮은 달이 있다면, 변동성이 낮은 달에는 노출을 늘리고 변동성이 높은 달에는 노출을 줄이는 전략이 시간이 지남에 따라 더 높은 복리 수익률을 가져다줄 것이라는 결론이 자연스럽게 나옵니다. 이는 현재로서는 단순한 수학이며, CAPM으로 수익률을 예측할 수 없다는 관찰에 근거한 것입니다. 우리의 근거는 아주 확고합니다.

투자와 관련해 이 통찰력이 중요하고 관련성이 있는 것은 일반적으로 예상 수익률은 지속적이지도, 예측 가능하지도 않지만, 변동성은 실제 지속적이고, 상당히 예측하기 쉽다는 것입니다. 그리고 변동성은 시간에 따라 매우 변화가 큽니다.

그림 9.1은 S&P500의 지난 1달 수익률과 변동성을 보여줍니다. 수익률은 무작위로 움직이는 것처럼 보입니다. 오른쪽 위의 박스는 자기 상관성을 나타내며, 이는 이전 달의 데이터로 다음 달을 얼마

● 그림 9.1: 수익률과 변동성의 자기 상관성

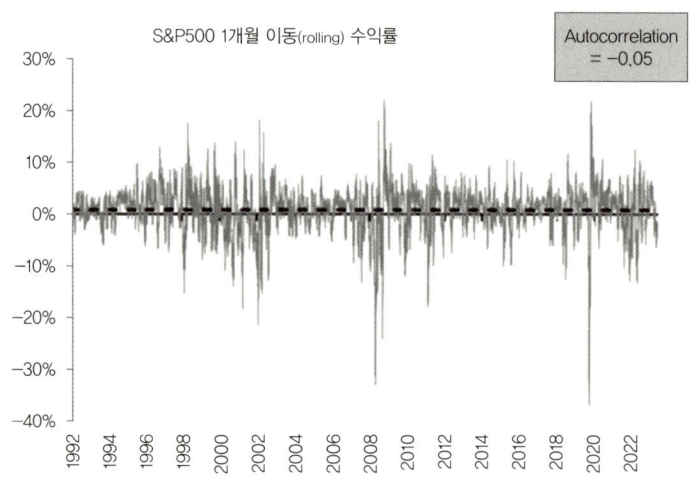

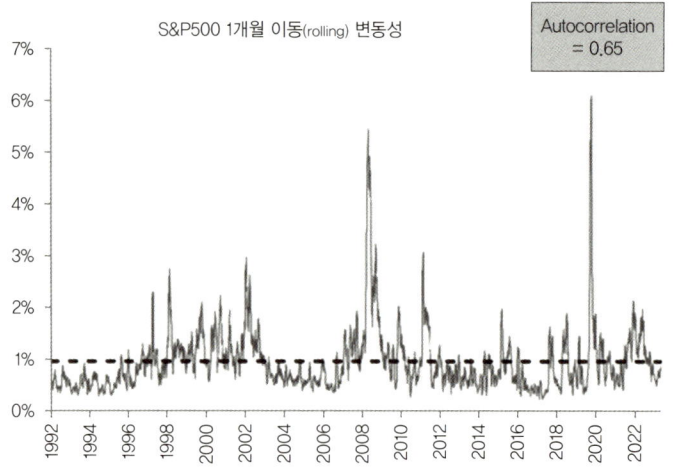

출처: Verdad Research

나 예측할 수 있는지를 보여줍니다. 수익률(위쪽 차트)의 경우, 이 값은 거의 0에 가깝습니다. 그러나 변동성(아래쪽 차트)의 경우, 박스에 표시된 값은 0.65로 나타납니다. 이는 매우 놀라운 결과입니다! 다음 달의 변동성은 무작위로 움직이는 것이 아니라, 이전 달의 변동성과 높은 상관관계를 가지고 있습니다.

샤프 비율은 수익률을 변동성으로 나눈 값입니다. 대부분의 사람들은 이 공식에서 분자(수익률)에만 집중한 나머지, 이는 예측 불가능하다는 결론에 도달했고, 따라서 샤프 비율도 예측할 수 없으며 무작위로 움직인다고 가정해 왔습니다. 그러나 제가 설명한 바와 같이 이는 명백히 사실이 아닙니다.

왜냐하면 분모(변동성)는 변동성이 매우 크면서도 예측할 수 있으므로, 주식의 샤프 비율이 시간에 따라 어떻게 변할지를 상당히 정확하게 예측할 수 있기 때문입니다. 이는 다른 자산군에도 광범위하게 적용됩니다. 채권과 원자재는 물론, 자산군 내 다양한 투자 전략에 대해서도 변동성은 가변적이면서 예측 가능합니다.

그리고 여러 자산군의 경우, 심지어 한 자산군 내의 여러 자산의 경우도, 변동성 뿐만 아니라 자기 상관성도 예측이 가능합니다. 그림 9.2는 시간에 따른 주식과 채권의 상관관계를 보여줍니다.

이 상관관계는 변동성만큼이나 자기 상관성이 높습니다. 이는 변동이 심합니다. 파마는 1965년 효율적시장가설(EMH)에 관한 원 논문에서 효율적시장가설에 기반한 투자자가 직면하는 주요 과제가 포트폴리오 분석이라고 했습니다. 즉 투자자는 자신의 위험 및 수익

● 그림 9.2: 주식과 채권의 상관관계

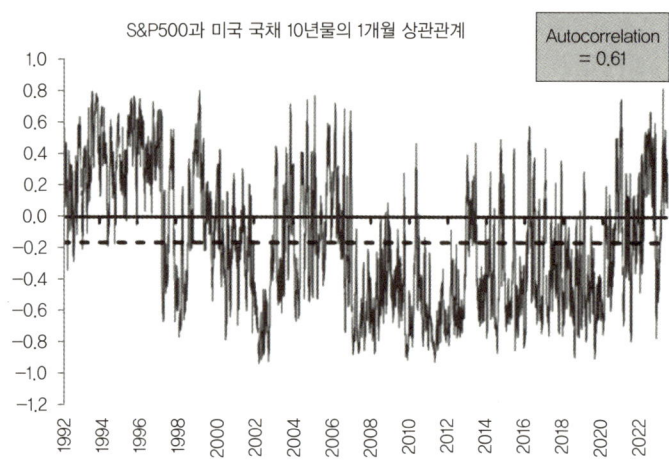

출처: Verdad Research

률 선호도를 결정하고, 증권을 위험 수준에 따라 분류한 다음, 위험 등급이 서로 다른 증권들을 어떻게 결합해서 다양한 위험과 수익률 조합을 가진 포트폴리오를 구성할지를 결정해야 한다는 것입니다.

기본적으로 투자자들은 효율적 투자선(efficient frontier)을 찾아 자신의 위험 선호도와 가장 어울리는 포트폴리오를 선택하기 위해 평균-분산 최적화를 해야 합니다. 포트폴리오 평균-분산 최적화를 위해서는 수익률, 변동성, 그리고 상관관계에 대한 예측이 필요합니다.

만약 수익률은 무작위로 움직이기 때문에 안정적이라고 가정하고, 변동성과 상관관계는 모두 가변적이면서 예측 가능하다고 가정한다면, 이 모든 논리는 평균-분산 최적화된 포트폴리오의 구성이 시간에 따라 많이 달라져야 하고, 이는 고정된 포트폴리오에 비해 더 우월한 성적을 거두게 될 것을 의미합니다.

이 논리를 실증적으로 시험하기 위해, 다중자산 포트폴리오로 몇 가지 간단한 백 테스트를 했습니다. 먼저 위험 균형(risk parity) 전략을 사용했습니다. 위험 균형 전략은 포트폴리오 변동성에 대한 각 자산군의 변동성 기여도가 동등하도록 포트폴리오를 구성하여, 서로 다른 자산군의 분산효과를 극대화하는 것으로, 각 자산군을 변동성 수준이 같아지도록 레버리지를 사용해 조정하는 것이 필요합니다. 전통적인 60/40 포트폴리오에서는 포트폴리오의 60%가 주식에 배분되지만, 주식이 채권보다 변동성이 3~4배 크기 때문에 실제로는 주식이 포트폴리오 전체 위험의 90%를 차지합니다. 위험 균형 전략은 이론적으로 이 문제를 해결할 수 있습니다.

저는 네 가지 주요 자산군 S&P500, 미국 국채, 석유, 금을 사용하는 간단한 위험 균형 접근법으로 시작했습니다. 그런 다음 분산과 상관관계 예측의 이점을 평가하기 위해 세 가지 다른 개선 모형들을 시험했습니다.

기준 모형으로 사용하기 위해, 60/40 포트폴리오와 변동성이 같은 위험 균형 포트폴리오를 만들었습니다. 이 모형에서는 과거 장기 평균에 기반한 정적인 수익률, 변동성, 상관관계 예측을 사용했습니다(표 9.1에서 RP_BASE로 표시).

다음으로 60/40 포트폴리오와 변동성이 같도록 레버리지된 위험 균형 포트폴리오를 만들되, 직전 1개월 상관관계를 근거로 포트폴

● 표 9.1: 위험균형 백 테스트 결과 (1992~2023)

지표	기준		위험 균형			
	60/40	S&P500	RP_BASE	RP_CORR	RP_VOL	RP_VOL_CORR
연평균 복합성장률	8.3%	9.8%	10.3%	10.4%	10.8%	10.9%
표준 편차	10.5%	18.2%	10.5%	10.5%	10.5%	10.5%
샤프 비율	0.54	0.46	0.71	0.72	0.76	0.77
최대 낙폭	-31%	-55%	-27%	-26%	-28%	-26%

출처: Verdad Research

리오를 조정했습니다(RP_CORR).

그다음으로 60/40 포트폴리오와 변동성이 같아지도록 레버리지된 위험 균형 포트폴리오를 만들되, 직전 1개월 변동성을 기반으로 변동성을 예측했습니다(RP_VOL).

마지막으로 예측 변동성과 상관관계를 모두 조정해 60/40 포트폴리오와 목표 변동성이 같은 포트폴리오를 만들었습니다(RP_VOL_CORR).

표 9.1은 각 접근법의 연평균 복합성장률(CAGR), 표준 편차(변동성), 샤프 비율, 최대 낙폭을 60/40 포트폴리오와 S&P500과 비교해 보여줍니다.

위험 균형 포트폴리오는 60/40 포트폴리오와 변동성이 같아지도록 레버리지를 조정했습니다(모든 접근법에 대해 표준 편차가 대체로 같다는 점에 유의하십시오).

위험 균형 포트폴리오는 모든 위험 균형 방법에 있어 두 가지 주요 목표를 달성합니다. 첫째, 가장 인상적인 점은 S&P500보다 더 나은 복합 수익률을 달성한다는 것입니다.

둘째, 낙폭이 60/40 포트폴리오보다 덜 심하고, S&P500보다는 훨씬 적습니다. 이는 샤프 비율을 높이기 위해 변동성을 관리하는 것은 물론, 석유나 채권과 같은 자산군 추가를 통한 분산 투자의 효과도 있습니다. 또한 주목할 점은 직전 1개월 변동성과의 상관관계 예측치를 단순히 추가함으로써 수익률과 샤프 비율이 증가한다는 것입니다.

변동성과 상관관계를 더 효과적으로 예측함으로써, 변동성을 줄이고 레버리지를 증가시켜 샤프 비율과 수익률을 높일 수 있습니다.

상관관계 예측은 2023년과 같은 시기에 매우 유용한 것으로 입증되었습니다. 이 시기에 주식과 채권의 상관관계가 더 높아졌습니다(2023년 6월 30일부터 9월 30일까지 동적 상관관계 RP_CORR 모델이 단순 RP_BASE 모델보다 2.1% 더 나은 성과를 보였습니다). 변동성 예측은 2011년 미국 부채 한도 및 유럽 국가 부채 위기 때, 국채 변동성이 급증했을 때 가장 큰 유용성을 보였습니다(2010년 10월 30일부터 2011년 4월 30일까지 6개월 동안 RP_VOL 모델이 RP_BASE 모델보다 8.5% 더 나은 성과를 보였습니다).

이처럼 간단한 백 테스트는 시간에 따라 변하고 예측이 가능한 것으로 알고 있는 변동성과 상관관계에 전적으로 의존하는 시장 타이밍으로 투자 결과를 개선할 수 있음을 보여줍니다. 이는 효율적시장가설과 학술적 금융이론의 논리와 전적으로 일치하는 시장 타이밍에 대한 명확하고 논리적인 사례입니다.

하지만 저는 이보다 더 이단적인 생각을 하고 있습니다. 이는 바로 투자자들이 예상 수익률을 예측하는 데 있어 우위를 점할 수 있다는 것입니다.

가능한 것과 불가능한 것에 대해 분명히 합시다. 주식 시장이나 특정 부문 또는 지역의 방향을 예측하는 것은 불가능합니다.

하지만 국채, 회사채, 원자재, 그리고 규모나 모멘텀과 같은 주식 시장의 어떤 요인들의 방향성을 예측하는 데 있어 어느 정도 우위를 점할 수 있습니다. 그리고 예상 수익률 예측력이 변동성 및 상관관계 예측력 보다 떨어진다는 언급을 추가하는 것이 중요합니다. 제 연구에 따르면 변동성 예측의 결정계수(R^2)는 45%, 상관관계 예측의 결정계수는 36%지만, 수익률 예측의 결정계수는 일반적으로 1~6% 범위입니다. 이들 예측능력은 작고 변동성이 크지만, 통계적으로 유의미합니다.

수익률 예측이 가능하다고 보는 것이 완전히 이단적인 것은 아닙니다. 효율적시장가설의 창시자인 유진 파마 자신도 예상 수익률이 경기순환에 따라 달라진다는 것을 인정했습니다.

그는 1990년 논문에서 주식과 회사채의 예상 초과 수익률이 신용 스프레드를 기반으로 예측 가능하다는 점을 보여주었습니다.

파마는 "배당 수익률과 디폴트 스프레드는 경기 상황이 지속해서 좋지 않을 때 높은 수익률을, 경기 상황이 좋을 때 낮은 수익률을 예측한다"라고 썼습니다. 파마는 이것이 시장 효율성과 완전히 일치한다고 보았으며, 위험이 경기 주기에 따라 변한다면 예상 수익률도 변해야 한다고 주장했습니다.

그러나 이러한 수익률 예측성을 실행 가능한 투자 전략으로 변환하는 것은 상당히 어렵습니다. 파마는 좋은 수익률 예측성은 한 달 이상의 장기적인 시계를 고려할 때 나타나며, 한 달 후의 수익률을 예측하려고 하면 예측성이 훨씬 떨어진다고 했습니다. 하지만 몇 달 일찍 또는 몇 달 늦게 의사결정을 내리는 것만으로도 실제 결과에 큰 차이가 생길 수 있습니다.

따라서 우리는 위기 시기의 예측 가능성과 시장의 일반적인 경기 역행적 수익률 예측 가능성을 정확히 파악하고, 이를 시의적절한 투자 의사결정으로 변환해야 합니다.

궁극적 마켓 타이밍 도구: 고수익 스프레드

제가 발견한 초과 수익률을 예측하는 데 가장 효과적인 수단은 고수익 스프레드의 수준과 추세입니다. 이 경제지표는 투자등급 이하 회사채(주로 소규모 경기 민간 기업들이 발행)의 차입 금리와 만기가 같은 미국 국채금리 간의 차이를 측정합니다.

이 스프레드는 투자자금 흐름을 실시간으로 보여주는 지표로, 스프레드가 낮을수록 투자자금을 쉽게 조달할 수 있음을 의미하며, 스프레드가 높을수록 신용 조건이 강화되고 위험 자산에서 자금이 유출될 가능성이 큼을 나타냅니다. 이는 위험 선호도에 민감한 위험 자산(회사채)의 가격과 예상 성장에 민감한 무위험 자산(국채)의 가격을 모두 결합한 복합 지표입니다.

따라서 스프레드가 축소되면 위험 자산에 대한 선호도가 증가하거나 성장 기대치가 상승했음을, 또는 그 두 가지가 모두 작용했음을 반영할 수 있으며, 그 반대의 경우도 마찬가지입니다.

고수익 스프레드 상승은 신용도가 낮고 규모가 작은 기업들의 차입 비용이 증가했음을 의미합니다. 경기 침체기에는 고수익 스프레드가 급등하고 부도율이 치솟습니다. 이러한 어려운 환경에서는 수익성이 좋고 현금을 보유한 기업이 유리하지만, 재정이 약한 기업이나 적극적인 투자로 현금을 소진하는 기업은 어려움을 겪고 종종 파산에 이르게 됩니다.

또한 고수익 스프레드는 이러한 기업들의 성과에 대한 시장의 신뢰도를 반영하며, 투자 위험에 대한 보상으로 요구되는 비용을 나타냅니다. 스프레드는 총배당수익률이나 주가순자산비율(P/B)과 같은 주식의 가치평가 지표와 높은 상관관계를 보입니다.

고수익 스프레드 상승은 GDP 성장률 하락과 동시에 발생하고, 심지어 이는 GDP 성장률의 하락을 예고하기도 합니다. 이 스프레드가 상승하는 이유는 대출 기관과 채권 투자자들이 부도율 증가를 예상하기 때문이며, 이는 곧 경제적 위험이 다가오고 있음을 의미합니다. 또한 고수익 스프레드는 현실 경제에도 직접적인 영향이 있습니다. 이 스프레드가 커지면 모든 종류의 위험 산업 및 투자를 위한 자금조달 비용이 증가하고, 그 결과 신규 투자가 위축되고 경제 활동이 둔화됩니다.

당연히 이 스프레드 상승은 소형주와 석유, 구리와 같은 경제 성장에 민감한 원자재의 예상 수익률이 낮아질 것을 예고합니다. 반면 고수익 스프레드 증가는 미국 국채 투자수익률이 높아질 것을 예고하는데, 이는 앞에서 다룬 바와 같이 국채 수익률은 명목 GDP와 관련이 있고, GDP 둔화는 국채 수익률 하락을, 따라서 채권 가격의

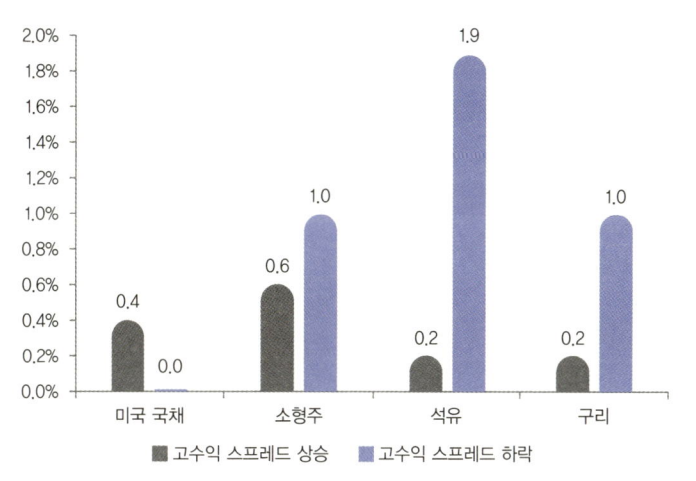

● 그림 9.3: 1개월 평균 예상 수익률과 고수익 스프레드 (1990~2023)

출처: Bloomberg, FRED, Verdad Research

상승을 의미하기 때문입니다.

국채는 스프레드가 증가할 때만 플러스 수익률이 발생합니다. 소형 가치주, 석유, 구리는 스프레드가 하락할 때가 상승할 때보다 훨씬 더 높은 수익률을 보입니다. 특히 석유와 구리는 스프레드가 상승하는 기간 동안 수익이 증가하는 경우는 거의 없습니다.

그림 9.3에서 보는 바와 같이 스프레드 수준 또한 예측이 가능합니다. 스프레드가 작을수록, 차입 비용이 저렴해지며, 이는 주식의 추세와 연관이 있습니다. 과거 승자들에게 쉬운 자금이 흘러들어옴에 따라, 잘하고 있는 주식은 계속 잘하게 됩니다.

그림 9.4는 스프레드 수준과 모멘텀 사이의 선형관계를 보여주는

● 그림 9.4: 모멘텀 요인과 고수익 스프레드 수준에 대한 1개월 평균 예상 수익률 (1996~2023)

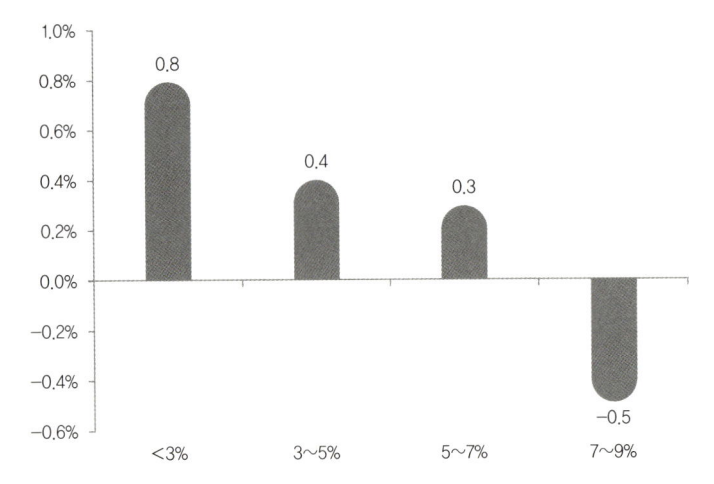

출처: Bloomberg, FRED, Verdad Research

데, 스프레드가 7%를 넘어가면 모멘텀이 급격히 떨어집니다.

제10장에서는 장기간의 스프레드 축소는 금융 거품에 대한 훌륭한 예측 지표임을 보여주는 연구를 다룰 것입니다. 하지만 스프레드가 확장되면서 소형주 및 기타 성장 민감 분야가 타격을 입을 때, 시장은 종종 과잉 반응을 보이고, 따라서 넓어진 스프레드는 반등을 예고하는 경향이 있습니다. 특히 가장 큰 타격을 받은 자산들이 가장 크게 반등하는 경우가 많습니다.

제11장에서는 고수익 스프레드가 매우 높아졌을 때, 투자자들이 가장 큰 타격을 입는, 유동성이 가장 낮은 소형 가치주에 투자함으로써 이 통찰력을 활용하는 방법을 보여줄 것입니다.

주식과 채권의 상관관계: 인플레이션 지표

고수익 스프레드가 예상 수익률을 예측하는 유일한 도구는 아닙니다. 그리고 금융 자산의 수익률에 성장만 중요한 것은 아닙니다. 인플레이션 또한 중요합니다.

시장은 인플레이션에 대한 시각을 주식과 채권 간의 상관관계를 통해서 나타내는 경향이 있습니다. 경제 성장은 주식에 좋고 채권에는 좋지 않습니다. 인플레이션은 주식과 채권 모두에 좋지 않은 경향이 있습니다. 인플레이션이 낮을 때는 주식과 채권이 부(-)의 상관관계를 보입니다. 이는 경제 성장이 주식에는 이익이 되지만 채권에는 불리하게 작용하기 때문입니다. 그리고 그 반대의 경우 상황은 반대가 됩니다.

그러나 인플레이션이 급등하면 주식과 채권 모두 수년간 낮은 수익률을 보일 때도 있습니다. 따라서 우리가 시장에서 보는 것은 주식과 채권 간의 상관관계가 증가하는 경우, 이는 인플레이션에 대한 우려가 커지고 있음을 반영하는 것이며, 투자자들이 고인플레이션 베타 전략으로 분산 투자를 추구하기 때문에, 이 기간에 원자재가 더 좋은 성적을 내는 경향이 있습니다.

그림 9.5는 인플레이션 불확실성이 증가할 때 발생하는 경향이 있는 주식과 채권의 상관관계 상승으로 석유와 구리가 더 좋은 성과

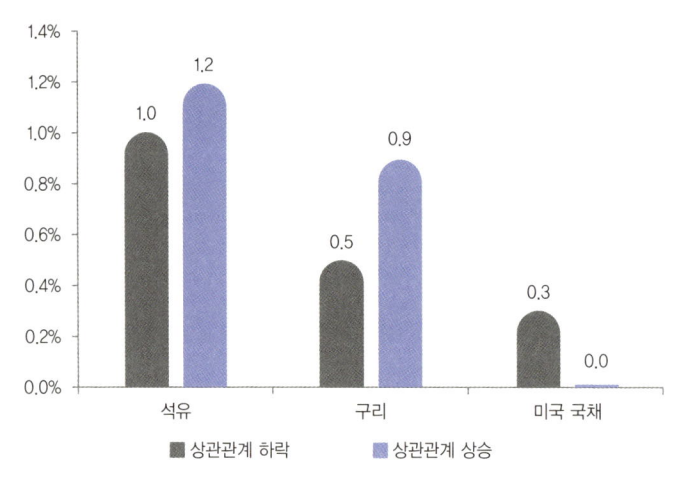

● 그림 9.5: 1개월 평균 예상 수익률과 주식-채권 상관관계 방향 (1990~2023)

출처: 블룸버그, FRED, Verdad Research

를 내고, 미국 국채가 부진한 성과를 내는 것을 보여줍니다.

결론적으로 마켓 타이밍은 가능합니다. 변동성과 상관관계는 시간에 따라 크게 변하며, 예측이 가능합니다. 투자자들은 성장 지표인 고수익 스프레드, 인플레이션 지표인 주식과 채권 간의 상관관계를 살펴봄으로써 예상 수익률을 예측하는 데 어느 정도 우위를 점할 수 있습니다.

다음 장에서는 이러한 배움을 거품, 파산, 인플레이션 환경에 어떻게 적용할 수 있는지를 논의하고, 이 접근법을 전천후 전략으로 통합하는 방법을 설명할 것입니다.

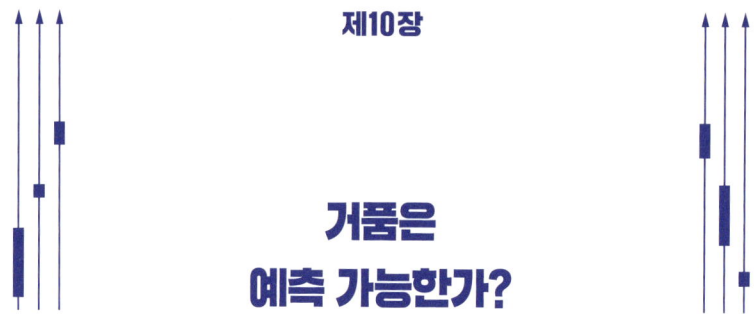

제10장

거품은 예측 가능한가?

거품은 예측이 가능한가 아닌가는 오랜 논쟁의 또 하나의 주제이며, 그 대답은 투자자들에게 큰 영향을 미칠 수 있습니다. 수익을 보기 위해서는 시장이 상승할 때 투자해야 합니다. 상승장에는 가만히 있다가 횡보장이나 하락장이 되어서야 투자하는 것은 감당할 수 없는 위험한 일입니다!

하지만 끝나지 않을 것처럼 보이는 장기간 성장과 높은 수익률, 즉 거품이 오고 있다는 느낌이 올 때가 있습니다. 이러한 시기는 특히 헤쳐 나가기 어려운데, 이는 우리 본성상 그 물결을 타고 싶어 하고, 이를 놓치는 것에 대한 두려움이 있기 때문입니다. 위험하다는 것을 알면서도 이런 기회를 언제, 어디서 또 만날까 하는 의구심이 압도하기 때문입니다. 하지만 이안류(역파도)와 같은 경고 신호들도 있고, 알면 살아남을 수 있는 길도 있습니다.

위기 예측 지표 신용

경제학자 타일러 뮤어(Tyler Muir)는 금융위기 직전 기간에 신용 스프레드가 비정상적으로 낮은 특징이 있음을 발견했습니다. 가벼운 금융위기가 발생하기까지 5년 동안은 신용 스프레드가 평균보다 약 18% 낮고, 심각한 금융위기가 발생하기까지 수년 동안은 평균보다 43% 낮습니다.

최근 고수익 스프레드를 대용 지표로 볼 때, 고수익 스프레드가 장기간 4% 아래에 머물러 있을 때 가벼운 위기의 위험이 쌓이고, 고수익 스프레드가 장기간 3% 아래에 머물러 있을 때 심각한 위기의 위험이 쌓인다는 의미가 됩니다. 가장 최근에는 1997~1998년과 2005~2007년 기간 스프레드가 오랫동안 3% 아래에 머물러 있었습니다.

뮤어의 발견에 의하면 스프레드가 비정상적으로 낮음을 알려주는 가장 좋은 지표는 주식 시장과 주택 시장의 낮은 변동성입니다. 이 낮은 변동성에 고무된 투자자들이 레버리지를 확대하고, 그 레버리지는 숨은 위험이 됩니다. 물론 스프레드가 낮은 때가 신용이 크게 확장되는 시기입니다. 위기가 닥치면 스프레드는 물론 급등합니다.

하버드대학교의 유명한 행동 경제학 그룹은 신용 확장이 자산 가격거품을 일으키는 방법을 깊이 있게 분석했습니다. 그들은 신용 확장을 관찰함으로써 3년 이후의 금융위기를 예측할 수 있다고 주장합니다.

이들 저자는 1950년부터 2016년까지 42개국 데이터를 모아, 금융위기를 주식과 주택 가격뿐만 아니라 기업 및 가계 신용 증가와 연관 지어 분석했습니다. 그들은 금융위기를 은행 주가가 30% 넘게 하락하는 경우로 정의하며, 이를 은행 공황으로 간주했습니다. 이러한 기준은 2007년 세계 금융위기와 1990년 저축 대부조합 위기(Savings and Loan Crisis 1990)와 같은 사건들을 포함하지만, 닷컴 거품 붕괴는 포함하지 않습니다.

하이먼 민스키(Hyman Minsky)의 이론과 마찬가지로 이들 저자는 금융위기는 부채와 자산이 동시에 증가하는 기간에 뒤이어 발생하는 경향이 있음을 발견했습니다. 이들은 3년간 부채 증가율이 과거 부채 증가율 상위 20%에 해당하고, 3년간 자산 가격 상승률이 과거 자산 상승률의 상위 1/3에 해당하는 기간을 '레드존'으로 정의합니다.

어떤 나라가 레드존에 진입하는 이유는 가계 부채 증가와 주식 가격 상승이 동시에 있었거나, 기업 부채 증가와 주식 가격 상승이 동시에 있기 때문일 수 있습니다. 그러나 기업과 가계가 동시에 과열되는 경우는 드뭅니다. 기업 부채와 가계 부채 증가가 동시에 선행된 몇몇 위기들은 특히 주목할 만한데, 대표적인 사례로 1988~1989년 일본, 2005~2007년 스페인, 2005~2007년 아이슬란드가 있습니다.

● 표 10.1: 레드존 돌파 후 금융위기 진입 확률

	기업	가계	둘 다
위기 1년 이내	13.3%	14.0%	21.9%
위기 2년 이내	26.7%	26.3%	50.0%
위기 3년 이내	45.3%	36.8%	68.6%
위기 4년 이내	48.0%	41.2%	65.8%

출처: Greenwood et al, 『예측 가능한 금융위기』(2020)

표 10.1은 레드존 돌파 후 금융위기 진입 확률을 보여주며, 레드존 사건 유형을 기업, 가계, 또는 둘 모두로 세분화해서 보여줍니다.

기업 레드존 진입한 후 1년 이내에 금융위기를 경험할 확률은 13%가 넘고, 이는 전체 데이터 세트의 4% 확률과 비교하면 상당히 높은 수치입니다. 특히 기업 레드존 진입 후 3년 이내에 금융위기가 발생할 확률은 45%이며, 드물긴 하지만 가계 레드존과 기업 레드존을 모두 돌파한 경우에는 69%나 됩니다. 저자의 지적에 의하면 높은 부채와 자산 가격 상승 이후 금융위기가 바로 발생하는 것이 아니라 그렇게 전개되는 되는 데는 시간이 걸리며, '조기 경고 신호를 근거로 대응할 시간'이 있습니다.

레드존은 선행 지표로서 유효해 보이며, 금융위기 중 64%는 위기가 있기 3년 전에 기업 레드존이나 가계 레드존 경고가 먼저 있었습니다. 이제 분석 범위를 3년간 부채증가율에서 과거 부채 증가 상위 40%로, 그리고 3년간 자산 가격 상승률을 과거 자산 증가 상위 3분의 2로 확대해 옐로우존으로 정의했을 때, 전체 금융위기의 82%

는 이 옐로우존으로부터 3년 이내에 발생했습니다. 그러나 대부분의 선행 지표와 마찬가지로, 이들 신호가 반드시 금융위기로 이어진 것은 아닙니다.

레드존과 옐로우존이 실제 금융위기로 이어진 비율은 각각 36%와 20%에 불과했습니다. 실제로 위기가 발생할 가능성이 커졌다는 것을 예측하는 것은 위기가 정확히 언제 올지 예측하는 것보다 훨씬 더 쉽습니다. 1990년대의 기술 거품은 이에 대한 훌륭한 사례 연구입니다.

거품이 터지길 기다리며: 1990년대 기술 거품

S&P500 지수는 1995년에 38% 급등했습니다. 4년간의 꾸준한 상승 이후 이러한 급격한 상승으로 월가의 가장 똑똑한 일부 투자자들은 거품이 형성되고 있다고 경계하기 시작했습니다.

레이 달리오(Ray Dalio)는 1995년 연금과 투자(Pensions & Investments)와의 인터뷰에서 "미국 주식 시장이 급등하는 단계에 접어들고 있다고 생각한다. 가격이 급등하는 것은 큰 조정이 온다는 신호이며, 앞으로 18개월 이내에 20% 정도의 하락이 시작될 것이다"라고 말했습니다. 피터 린치(Peter Lynch) 역시 1995년 워스(Worth) 매거진 기사에서 달리오의 우려에 공감하여, "지금 걱정하는 투자자들이 충분하지 않다"라고 경고했습니다.

얼마 지나지 않아, 달리오와 린치처럼 걱정하기 시작한 세계적인 투자자들이 늘어났습니다. 그러나 1996년 S&P500 지수는 달리오의 빠른 조정에 대한 예상을 무시하고 또다시 23% 급등했습니다. 하워드 막스(Howard Marks)는 1996년의 광적인 주식 거래를 이렇게 묘사했습니다. "모든 칵테일 파티 손님과 택시 운전기사들이 인기 있는 주식과 펀드 이야기만 하고 싶어 한다."

세스 클라만(Seth Klarman)은 연말 서한에서 뮤추얼 펀드와 인터넷 주식 소유에 대한 대중의 집착에 대한 우려를 표하며 "현재의 광풍의 끝이 좋지 않을 것은 알고 있지만, 그것이 언제 일어날지는 알지 못한다"라고 말했습니다.

그러나 미국 주식 시장은 상승추세를 계속 이어갔으며, 1997년에는 나스닥이 22%, S&P500이 무려 33%나 급등했습니다. 조지 소로스(George Soros)는 린치, 달리오, 막스, 클라만 모두가 보았던 것과 같은 사실관계의 흐름으로 보아 충분한 설득력이 있다고 생각했습니다. 그는 미국 기술주에 대해 대규모 공매도를 하기로 했습니다. 소로스는 1998년 말까지, 신산업혁명의 떠오르는 거물급 인터넷 기업들에 대한 베팅에서 7억 달러를 잃었습니다. 세계 최대 헤지펀드 투자 그룹의 대표 펀드인 퀀텀(Quantum)은 '인터넷 거품'이 곧 터질 것이라는 잘못된 예측으로 사상 최악의 해를 보내고 있었습니다.

반면 아마존(Amazon)과 야후(Yahoo!) 같은 기업들은 4월에 사상 최고가를 기록하며 급등했습니다. 소로스 펀드의 대변인인 숀 패티슨(Shawn Pattison)은 다음과 같이 말했습니다. "우리는 인터넷 거품 붕괴 시점을 너무 일찍 잡았다."

무엇이 일어날지 예측하는 것은 언제 일어날지를 예측하는 것보다 훨씬 쉬운 일입니다. 1994년부터 1999년까지 5년 동안, 나스닥은 연평균 약 40%의 수익률을 기록했습니다. 하워드 막스와 세스 클라만과 같은 대가들이 했던 가치투자 방식은 도태되었고, 대형 가치주 지수의 연평균 수익률은 24%에 불과했습니다.

줄리안 로버트슨(Julian Robertson)은 2000년 3월, 타이거 매니지먼트(Tiger Management)의 문을 닫아야 했습니다. 워런 버핏의 버크셔 해서웨이는 1994년 이후 나스닥보다 연평균 15% 뒤처졌고, 이 때문에 버핏은 AOL, 야후! 또는 다른 인기 있는 기술 주식을 보유하지 않은 이유에 대해 해명해야만 했습니다.

저는 1999년 CNN과의 인터뷰에서 "나는 10년 후 기술 산업이 어떤 모습일지, 누가 시장의 선두가 될지 알 수 없다"라고 말했습니다.

일반 대중은 버핏의 우려에 동의하지 않았습니다. 1999년과 2000년에는 819개의 IPO가 있었고, 데이트레이딩은 인기 있는 일이 되었고, 나스닥은 1999년에 86% 상승했다가 2000년 초 몇 달 동안 또다시 15% 상승했습니다.

하지만 2000년 3월, 달리오와 린치가 거품에 대해 처음 경고한 지 5년 만에 나스닥은 전환점을 맞았습니다. 당시 연준 의장이었던 앨런 그린스펀(Alan Greenspan)의 금리 인상 발표와 함께 촉발된 이 사태는 닷컴 기업들의 평가가치와 부채 상환 능력에 대해 심각한 의문을 제기하며 시장의 매도, 부실 회계 관행 스캔들, 그리고 주요 기업들의 파산으로 이어졌습니다. 2002년 10월까지 나스닥은 정점에서 75% 하락하며 거품 기간의 모든 상승분을 반납하고 지수를 1996년 수준으로 되돌렸습니다.

달리오, 린치, 막스, 클라만, 소로스, 버핏은 모두 거품을 감지하고 투자자들에게 위험성을 경고했습니다. 그러나 그들의 예측은 너무 때 이른 것이었습니다. 1995년부터 2000년 정점까지, 해외 주식, 가치주, 채권 또는 원자재에 투자한 투자자들은 모두 나스닥보다 연평균 20%가 넘게 뒤처졌습니다.

나스닥은 1995년부터 2000년 정점까지 연평균 43%의 수익률을 기록한 반면, S&P500은 26%, 소형 가치주는 22%, 해외 주식은 18%, 10년 만기 국채는 8%를 기록하였고, 금은 5% 손실을 기록했습니다.

하지만 2002년 10월, 거품이 터진 지 2년이 지난 후 상황은 극적으로 달라 보였습니다. 거품 이후 가치주가 승자로 등장한 이유는 투자자들이 안전한 전통 산업으로 피신한 결과지만, 10년 만기 미국 국채는 결국 한때 맹렬했던 성장주들보다 좋은 성과를 보였습니다.

표 10.2는 첫 번째 거품 경고부터 2002년 시장 저점까지의 연평균 수익률을 보여줍니다. 소형 가치주는 수익률 16.8%로 확실한 승자가 되었고, 나스닥은 2000년까지의 놀라운 성과가 급락하며 겨우 5.9%의 수익률을 내는 데 그쳤습니다.

닷컴 거품 붕괴로 위에서 언급된 위대한 투자자들의 명성은 회복되었습니다. 이들은 1999년부터 2002년까지 대체로 시장 지수를

● 표 10.2: 첫 번째 거품 경고(1995)부터 저점(2002)까지의 전체 기간 연간 평균 수익률과 하락폭

지표	나스닥	S&P500	소형 가치주	대형 가치주	MSCI World	10년 미국 국채	금
저점까지 전체기간 수익률	5.9%	9.2%	16.8%	12.2%	3.9%	9.7%	-2.0%
최대 하락폭	-75.0%	-44.7%	-26.5%	-39.8%	-46.8%	-9.6%	-41.7%

출처: 블룸버그, FRED, Ken French Data Library, Verdad Research

큰 폭으로 앞질렀습니다. 그러나 이러한 결과를 달성하기 위해서는 용기와 수년 동안 시장에 뒤처지는 상황에서도 전략을 고수하는 인내력이 필요했습니다.

그러한 인내와 확신이 오늘 이들 투자자의 장기 성과와 유명세의 핵심적인 이유 중 하나였을 수도 있습니다. 하지만 수년간의 저조한 성과를 감내하고, 인기 있는 부문의 큰 시가 평가 이익을 놓치는 것은 매우 고통스러울 수 있습니다.

'놓치는 것에 대한 두려움(FOMO)'은 투자자들 사이에서나 소셜 미디어 인플루언서들 사이에서나 강력한 힘을 발휘합니다.

이런 환경에서 자금 운용자는 두 가지 중요한 장애물에 직면하게 됩니다. 계속 상승하는 시장만 바라보고 있는 투자자들에게 다가오는 거품을 단념하도록 설득시키기는 어렵습니다.

반면 자금 운용자가 지나치게 경계한 나머지 너무 일찍 붕괴를 예측하면 오히려 부정적인 결과를 초래할 수 있습니다. 투자자들은

소액 개인투자자들이 시장의 흐름을 타고 우월한 수익률을 올리는 동안 수년간 자신들의 돈을 묶어두는 것에 대해 수수료를 지급하고 싶어 하지 않습니다. 설령 거품이 언젠가는 터지게 되어 있어도 말입니다.

거품 매수를 피하라

이런 커다란 거시적 거품 시기를 정확히 예측할 수 있는지와 관계없이, 과열된 거품 매수는 투자자들에게 좋은 생각이 아니라는 증거는 명백합니다. 2023년, 'AI 주식'에 대한 검색 관심도가 사상 최고

●그림 10.1: 'AI 주식'에 대한 검색 관심도

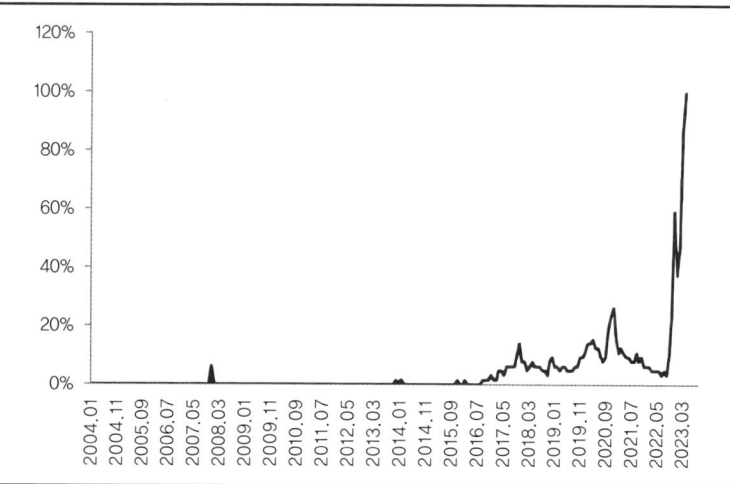

출처: Google

치를 기록했습니다(그림 10.1 참조). 그리고 '생성형 AI, VC 투자를 위한 신 개척지'와 'VC들이 생성형 AI에 계속해서 달러를 쏟아붓고 있다'와 같은 머리기사를 단 AI 관련 기업에 투자하려는 벤처 캐피털(VC) 열풍에 관한 기사를 매일 보았습니다.

이전의 검색엔진 절정기(peak search engine) 주식 상승은 그 결과가 좋지 않았습니다. 이 현상은 2000년대 내내 추세가 등장하고 사라지면서 여러 차례 반복되었으며, 이는 표 10.3에 잘 나타나 있습니다. 닷컴 주식은 검색 관심도가 절정이었던 2000년으로부터 90% 폭락했고, 비트코인 관련 주식은 2017년 최고점에서 76% 하락했으며, 대마초 관련 주식은 검색 관심도가 절정이었던 2018년으로부터 57% 하락했습니다.

● 표 10.3: 주식 주제별 수익률 (Google 추세 관심 급등 12개월 이후)

주제	검색 관심 정점	12개월 예상 수익률
닷컴	Feb-00	-90%
비트코인	Dec-17	-76%
대마초	Oct-18	-57%
착용 기기	Jul-15	-51%
우주	Feb-21	-43%
태양광	Oct-08	-36%
3D 프린팅	Nov-13	-19%
증강 현실	Sep-17	-14%

출처: S&P Capital IQ

낮은 수익성과 많은 투자

일반적으로 학계 연구에 의하면 수익성이 낮고 많은 투자가 필요한 주식들이 시장에서 가장 저조한 성과를 내는 경향이 있습니다. 낮은 수익성과 대규모 투자의 교차점에 있는 주식들은 종종 독립적인 상장 주식보다는 인기 과학(Popular Science)의 표지에 더 잘 어울릴 법한 대박 투자(moonshot bets)일 경우가 많습니다.

버진 갤럭틱(Virgin Galactic), 다니머 사이언티픽(Danimer Scientific), 뉴스케일 파워(NuScale Power) 모두 흥미로운 미래 기술을 개발하고 있지만, 수익화까지는 오랜 시간이 걸릴 것이며 도중에 실망을 안겨 줄 가능성이 큽니다.

켄 프렌치의 미국 주식 장기 요인 연구에 따르면 수익성이 없고

● 그림 10.2: 파마 - 프렌치 요인 조합 수익률 (1963~2023 CAGR)

	고수익	저수익
적은 투자	15%	12%
많은 투자	11%	3%

출처: Ken French Data Library, Verdad Research

지출이 많은 기업의 주식은 특히 부진한 성과를 보입니다. 그림 10.2는 수익성과 투자에 대한 2x2 매트릭스를 보여줍니다. 수익성이 없고 투자를 많이 하는 기업들이 가장 좋지 못한 성과를 기록했으며, 이는 수익성이 높고 투자가 적은 주식들이 기록한 수익률 15%에 비해 3%에 불과했습니다.

결론

낮은 신용 스프레드와 이로 인한 신용 확장은 자산 거품의 배경이 되며, 따라서 이는 향후 시장 붕괴를 예측할 수 있는 가장 좋은 지표입니다.

그러나 낮은 스프레드와 신용 확장으로 예측되는 위기의 발생 시기는 불확실하며, 종종 실현되기까지 수년이 걸리기도 합니다. 제가 논했듯이 이 기간에 모멘텀은 매우 효과적이며, 추세는 빠르게 거품으로 전환합니다.

투자자들이 할 수 있는 최선은 거품의 진원지, 특히 미래에 많은 투자가 필요하고 고평가된, 수익성이 없는 소형주를 피하는 것입니다. 가치주를 고수하거나 다른 지역이나 자산군으로 분산 투자하는 것도 경기 호황과 불황의 혼란을 피하는 데 도움이 될 수 있습니다.

제11장

위기 투자

톨스토이는 『안나 카레니나』에서 "행복한 가정은 모두가 비슷하지만, 불행한 가정은 저마다 다르게 불행하다"라고 했습니다. 시장은 이와는 정반대입니다.

강세장은 각자의 방식으로 모두 강세를 보입니다. 한 확장기를 선도한 주자가 다음 확장기도 선도하는 일은 거의 없습니다. 2000년대에는 신흥 시장과 원자재에 노출된 기업들이 가장 큰 승자였습니다. 2010년대에는 FAANG 주식들과 다른 기술 기업들이 시장 확장을 주도했습니다.

투자자들이 강세장에서 어떤 것에 빠져드는지 예측하기 어렵습니다. 강세장은 짧게 끝날 수도 오래 갈 수도 있으며, 언제 강세장이 끝날지에 대한 예측들은 많은 뛰어난 투자자들을 바보처럼 보이게 만들었습니다.

하지만 위기는 모두 비슷합니다. 가장 중요한 것은 우리가 위기 상황에 있다는 것을 알고 있다는 것입니다. 저는 미국, 유럽, 그리고 신흥 시장에서 발생한 주요 금융위기에 대한 자료를 수집하여, 위기 상황 시기를 위한 최선의 투자 방법을 연구했습니다.

미국과 유럽의 위기를 판단하기 위해 고수익 스프레드를 사용하고, 고수익 시장이 존재하지 않는 신흥 시장에서는 주식 시장 하락을 이용해 위기를 측정합니다.

미국과 유럽에서 경기 침체기에는 고수익 스프레드가 급상승하고 부도율이 치솟습니다. 재무 상태가 취약하고 대규모 투자로 현금을 소진하는 기업들은 어려움을 겪고 종종 파산에 이릅니다. 벤 버냉키(Ben Bernanke)는 한 유명한 논문에서 이를 '금융 가속기'로 명명했습니다. 경제 충격으로 인해 투자자와 대출 기관들이 공황 상태에 빠지고, 신규 대출과 투자는 중단됩니다.

외부 자금조달에 의존하는 기업들은 재량적 지출을 줄이고, 더욱 취약한 기업들은 파산에 이르며, 이 모든 것은 전체 경제 활동에 반사적으로 영향을 미칩니다. 우리는 과거 데이터에서 이러한 패턴이 반복되는 것을 볼 수 있습니다.

그림 11.1은 경기 침체 지표 대비 고수익 스프레드, 그리고 투기적 차입자의 부도율을 보여줍니다. 이들은 높은 상관관계를 가지며, 고수익 스프레드가 선행 지표 역할을 하는 것이 일반적입니다.

2010년 이전의 모든 주요 경기 불황은 고수익 스프레드 또는 '금

● 그림 11.1: 침체, 차입 비용, 부도율

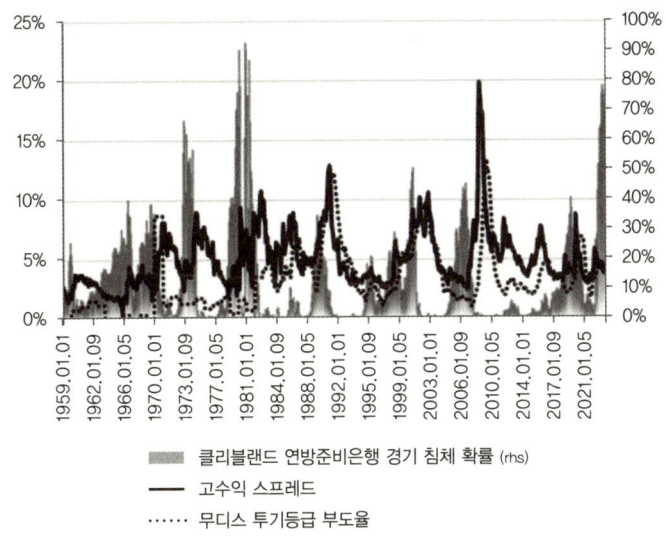

출처: FRED, Moody's, Bloomberg

융 가속기' 시기와 겹쳐 발생하였습니다. 2010년 이후에는 이러한 금융 가속기 사건들은 경기 침체로 보기에는 조금 덜 심한 경제 상황과 겹쳐 나타났으며, 이는 시장의 높은 불확실성과 공포를 반영하는 것이었습니다.

경제학자 타일러 뮤어(Tyler Muir)는 14개 시장에서 140년에 걸쳐 발생한 71건의 금융위기를 연구했고 V자형 붕괴 및 회복 패턴을 발견했습니다. 금융위기 동안에 신용 스프레드와 배당 수익률이 급증했으며, 이러한 위험 프리미엄의 상승으로 향후 수익률을 예측할 수 있지만, 미래 현금 흐름의 변화는 예측할 수 없었습니다. 다시 말해 주요 위기 시에 투자자들은 공황에 빠져 자산을 헐값에 매각했지만, 그들이 예상했던 비관적 결과는 실제로 일어나지 않았습니다. 그 결과 평가가치는 반등했고 시장은 비정상적으로 높은 수익률을 기록했습니다.

주식 시장이 시가총액의 절반을 잃은 후에는 투자자들은 투자를 주저할 수 있습니다. 하지만 예일대학교의 윌리엄 괴츠만(William Goetzmann) 교수는 "개별 국가의 이러한 재앙적인 위기 상황이 바로 투자자들이 시장에 돈을 쏟아부어야 할 때"라고 주장합니다.

괴츠만 교수는 1692년부터 2015년까지 101개의 세계 주식 시장을 연구했고, 하락이 50%를 초과하는 경우를 '역거품(negative bubbles)'으로 간주했습니다. 그는 이러한 큰 하락 이후에는 주식 수익률이 매우 높아지는 경향이 있으며, 50% 하락 이후 1년간 평균 수익률이 18%가 넘는다고 이론화하였습니다. 투자자는 겪는 위기가 작을수록 그 이후에 큰 수익을 볼 가능성도 낮아집니다. 0~40%의 하락 이후에는 오히려 마이너스 수익률을 기록했지만, 진정한 헐값 매각 상황에서는 큰 보상을 받았습니다.

학계 연구에 따르면, 주식 시장의 수익률을 예측하는 표준 모형은 경기 확장기보다 경기 침체기에서 예측력이 여덟 배가 더 높은 것으로 나타났습니다.

예를 들어 노벨상 수상자인 유진 파마와 그의 연구 파트너 켄 프렌치가 개발한 대표적인 위기 요인들인 규모(size), 가치(value), 투자(investment)를 살펴봅시다.

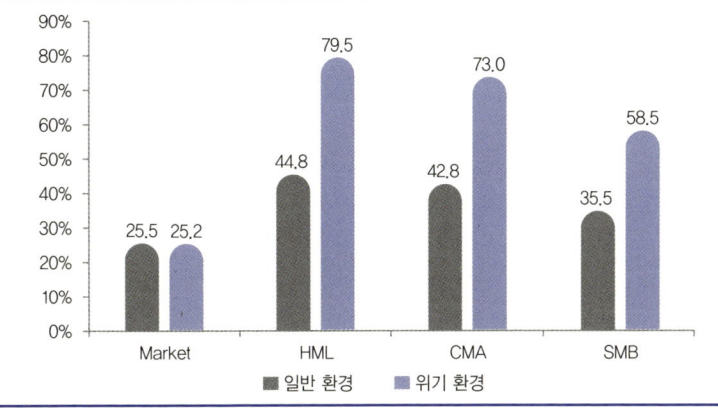

● 그림 11.2: 요인별 2년 평균 수익률 (왼쪽), 요인 포트폴리오가 시장을 능가한 개월 (오른쪽)

출처: Verdad Research

그림 11.2는 금융위기 시점(고수익 스프레드가 6.5% 넘게 상승한 경우)을 기준으로 한 2년 평균 예상 수익률을 보여줍니다. 제일 소형주 10분위(그림 11.2의 SMB), 제일 저평가된 주식 10분위(HML), 그리고 제일 보수적으로 자본을 운용하는 주식 10분위(CMA)가 다른 때보다 금융위기 동안 훨씬 높은 수익률과 일관된 성과를 보이는 것으로 나타났습니다.

시장 수익률은 맨 왼쪽에서 보듯 서로 다르지 않지만, 요인 수익률들은 위기 상황에서 눈에 띄게 더 좋습니다. 예를 들어 가치주는 위기 상황에서 79.5%의 수익률을 기록하는 반면에 정상적인 환경에서는 44.8%에 그칩니다. 1953년부터 2019년까지 전체 관찰 기간 중 각 요인에 의한 초과 수익의 대부분은 위기 기간에 발생했습니다.

단순하고 논리적인 정량적 요인들은 경제 확장기보다 경제 위기 때 훨씬 더 예측력이 높습니다. 위기는 스트레스가 큰 환경으로 이때는 지급 능력과 수익성에 대한 기본적인 시험이 기업의 생존과 경제적 미래를 결정하는 데 획기적으로 중요합니다. FTX와 WeWork와 같은 회사들은 자금이 풍부한 확장기에는 번창할 수 있지만, 이러한 과잉은 시장 혼란기에는 오래 지속하지 못합니다.

주위 모든 사람이 이성을 잃고 있을 때 침착함을 유지할 수 있는 투자자들은 단순하고 예측 가능한 규칙을 활용하여 현저히 큰 수익을 올릴 수 있습니다. 그리고 이러한 높은 수익을 달성할 확률이 다른 때보다 위기 시에 훨씬 더 높다고 확신합니다.

퀀트 투자의 높은 수익률은 위기 시 인간의 비정상인 좋지 못한 행동으로 인해 발생합니다. 경제 상황이 좋지 않을 때, 투자자들과 대출 기관들은 공황에 빠집니다. 과거 위기 시 신문에서 발췌한 다음 인용문들을 참고하십시오.

- "지난 몇 년 동안의 주요 과잉이 이제 막 겨우 청산되기 시작했을 뿐입니다."

— 데이비드 L. 밥슨, 투자 자문 (1969년)

- "우리는 경제 붕괴 가능성에 관해 이야기하고 있습니다."

— 팀 리차드슨, 편집자 (1986년)

- "그들은 좋은 것 나쁜 것 가리지 않고 팔고 있습니다. 그들은 모든 것을 창밖으로 내 던지고 있습니다."

— 브라이언 피너티, C.E. 언터버그 타우빈 (2000년)

이러한 공황 상태는 헐값 매각을 초래하며, 현금을 보유한 구매자들에게 기회를 제공합니다. 유일한 문제는 다른 사람들이 공황에 빠졌을 때 투자하기가 극도로 어렵다는 것입니다. 위의 인용문에서 알 수 있듯이 위기 시의 신문을 읽어보면 투자자들이 얼마나 스트레스를 받았는지, 그리고 이익을 얻기 위해 극복해야 할 두려움의 수준이 어느 정도인지 알 수 있습니다.

위기 시 수익률 예측이 가능하다는 사실과 가치평가 비율의 급격한 하락으로 예상 수익률은 예측하지만, 미래 현금흐름의 변화는 예측할 수 없다는 사실은 가격은 항상 옳다는 강한 형태의 효율적시장가설에 중대한 도전을 제기합니다.

이는 시장의 과도한 변동성에 대한 쉴러의 통찰과 사람들이 최근의 기억을 바탕으로 예측을 형성한다는 행동주의자들의 통찰과 더 부합하는 것으로 보입니다. 우리는 이를 커다란 붕괴를 통해 분명히 볼 수 있습니다. 자산은 미래의 펀더멘털로 정당화하기에는 너무 싸고, 쉽게 얻을 수 있는 초과 수익이 존재하게 됩니다.

COVID 위기 투자

이 장의 남은 부분에서 자세히 다루겠지만, 저는 경제 위기 시와 고수익 스프레드가 크게 확대된 후 시장이 어떻게 움직였는지를 약 2년 동안 연구했습니다. 제 백 테스트에 따르면 2020년 이전 여덟 번의 고수익 위기 동안, 투자자들이 저의 다중요인모형으로 선별한, 레버리지를 사용하는 소형 가치주에 투자했다면 2년 동안 평균 68%가 넘는 총수익을 얻을 수 있었을 것입니다. 이는 같은 기간 전체 시장이 거둔 33%의 평균 수익률을 크게 상회하는 프리미엄입니다.

COVID 위기 시, 저는 제가 연구 개발한 계획에 따라 기회주의적 투자 펀드를 출시했습니다. 제가 실현한 수익은 이전에 연구한 여덟 번의 기간에 비해 훨씬 더 높았고, 더 빨리 이뤄졌습니다.

제 펀드는 2020년 4월 30일부터 2021년 6월 30일까지 설립 이래 수수료 차감 후 84.7%의 수익률을 기록했으며, 이는 상장 주식 벤치마크를 크게 앞선 것입니다. 이에 비해 S&P500 지수는 2020년 4월 30일부터 2021년 7월 21일까지 51.4%의 수익률을 기록했습니다. 이는 위기 투자에 관한 제 연구 결과의 질을 입증하는 것으로, 이는 파산하지 않으리라고 믿어지는 가장 작고, 가장 싼, 가장 레버리지가 높은 기업들을 매수해서 위기 시 승리의 우위를 찾는 전략으로 결실을 보았습니다. 제 이론이 위기 시에 결실을 보는 실시간 사례입니다.

먼저 미국의 금융위기부터 시작한 다음 유럽과 신흥 시장의 위기를 살펴보겠습니다.

1970년에서 시작된 미국의 금융위기: 사례 연구

저는 1970년 이후 미국에서 발생한 모든 금융위기를 연구했습니다(2020년은 그 당시 아직 일어나지 않았기 때문에 제외). 저는 시장 공황에 관한 심층 분석을 위해 모든 주요 자산군, 모든 부문, 그리고 모든 정량적 요인들을 살펴보았습니다. 지수 수준의 데이터를 검토했고, 그다음 개별증권 수준의 데이터 베이스를 구축했습니다. 투자자들이 가장 두려워했던 것을 이해하기 위해 옛 신문들을 읽었습니다. 그리고 이 방대한 연구에서 얻은 교훈들을 정량적 투자 전략으로 정제했습니다.

저는 특별히 여덟 번의 경제 위기, 1974년, 1980년, 1986년, 2000년, 2008년, 2010년, 2012년, 2016년을 살펴보았습니다. 이 시기에는 스프레드가 6.5% 이상으로 매우 높은 수준까지 상승했습니다. 각 위기 시 어떤 금융 자산이 가장 좋은 성과를 보였는지 분석했습니다. 자산군별로 무엇이 유효했는지 이해하기 위해, 요인별 주식 시장 수익률, 신용 등급 및 발행자 유형별 채권 수익률(즉 기업 대 정부), 사모펀드와 부실 채권에 대한 대체자산 수익률, 부동산 투자 신탁(REIT) 수익률에 대한 데이터 세트를 구축했습니다.

1970년 이후 여덟 번의 고수익 사건들 각각을 조사함으로써, 시장 가격 움직임을 일관되게 주도하는 요인이 무엇이고, 그리고 식견 있는 준비된 투자자들이 이러한 공황 시기를 어떻게 활용할 수 있는지 이해하려고 했습니다.

제가 연구한 여덟 개의 사건 표본들은 대부분의 능동형 투자자들이 자신의 개인적인 경험에 의존해야 하는 데이터 포인트의 세 배에 해당합니다(대부분 사람이 평생 이러한 사건을 많이 경험하지 못하기 때문). 이를 통해 저는 사건들 사이의 연결 고리를 찾고, 투자자들이 평소에 무시할 수 있는, 위기 상황에서만 작용하는 연관성을 더 잘 이해할 수 있었습니다.

다음 페이지에서는 불확실성이 최고조인 때에 무엇이 효과가 있었고 무엇이 효과가 없었는지에 대한 세부사항을 설명합니다. 제 연구는 판단이 아닌 엄격한 정량적 규칙에 의존해 시장 진입과 퇴출 시점을 결정합니다. 이는 간단하고 반복 가능한 규칙입니다.

이 전략이 잘 통하지 않는 때도 있습니다. 그러나 제가 여기서 제시한 것은 이러한 시기에 일반적으로 효과가 있던 전략입니다.

훌륭한 퀀트 전략은 55% 또는 60% 정도의 확률로 효과적일 수 있으며, 뛰어난 기본적 주식 종목 선택 전문가도 비슷한 성과를 낼 수 있습니다. 반면 위기 투자와 제가 제안하는 특정 요인들은 효과 확률이 75%에서 90%로, 이는 현실 세계에서 예측 가능한 수준에 가장 근사한 것입니다.

그리고 중요한 점은 이러한 전략들이 효과를 발휘할 때 예외적으로 좋은 성과를 낸다는 것입니다. 투자에서 보장은 없지만 제 연구 결과에 따르면, 위기 동안 자본을 현명하게 배분하는 것이 투자 기회 속담에 나오는 '쉬운 공(fat pitch)'에 가장 가까운 것임을 시사합니다.

자산군별 효과적인 전략

먼저 고수익 스프레드 6.5% 미만일 때와 6.5%를 초과할 때 자산군별 성과가 어떻게 달라지는지 살펴보았습니다. 이를 통해 평온한 시기와 공황 시기에 각 자산군의 성과를 파악하고자 했습니다. 소형 가치주는 스프레드가 6.5% 미만일 때 다른 자산군보다 우월한 성과를 보이지만, 스프레드가 6.5% 이상일 때는 훨씬 더 뛰어난 성과를 보입니다. 자산군별 결과는 그림 11.3에 나와 있습니다.

● 그림 11.3: 스프레드가 6.5%를 초과할 때와 미만일 때 자산군별 평균 수익률

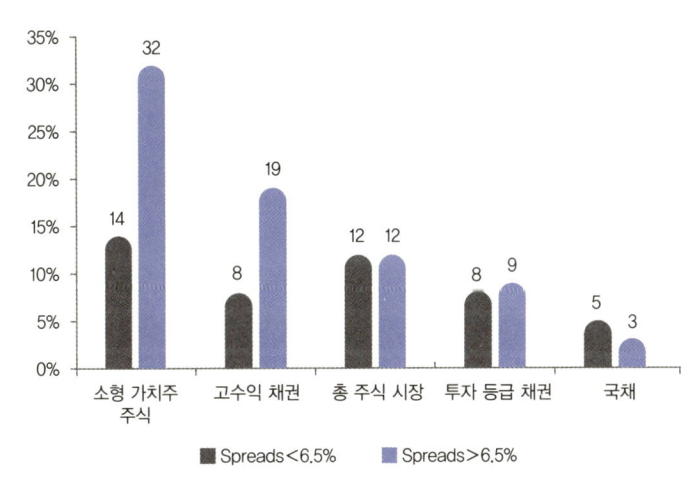

출처: Verdad Research

당연하게도 고수익 채권은 스프레드가 낮을 때(또는 6.5%로 상승

할 때)는 투자등급 채권과 비슷한 성과를 보이지만, 스프레드가 높을 때(또는 6.5% 아래로 하락할 때) 좋은 성과를 보입니다. 미국 시장과 투자등급 채권은 스프레드 변화 전후로 대체로 비슷한 성과를 보이며, 국채는 스프레드가 낮을 때나 높을 때나 가장 낮은 수익률을 보이는 자산군입니다. 그런데도 불구하고 이 기간에 과거 가장 뛰어난 성과를 보인 자산군은 단연 소형 가치주였습니다.

대체자산

투자자들은 사모펀드 및 부실 채권 같은 사모 대안 투자를 통해 다음 위기를 활용할 계획을 세울 수도 있습니다. 실제로 많은 투자자는 바로 이러한 시장 공황 상태를 이용하기 위해 사모펀드와 부실 채권에 자금을 배분하고 있습니다. 저는 이 두 가지 대안을 모두 고려합니다.

사모펀드

안타깝게도 사모펀드에 투자하는 경우, 사모펀드 운용사는 고수익 스프레드가 6.5%를 넘어설 때 사실상 자본 투자를 중단하는데, 이는 또한 사모펀드의 수익률이 가장 높아지는 시기입니다. 2006

년부터 2018년까지 고수익 스프레드는 분기별 사모펀드 거래량과 −69%의 상관관계를 보였습니다. 스프레드가 높을 때는 부채 조달이 어려워지고, 거래량이 급감합니다. 시장이 폭락할 때, 대부분의 사모펀드 투자자들은 가장 곤경에 처한 자산을 최적의 시점에 매입하는 대신, 시장이 안정될 때까지 기다린 후 거래를 재개합니다.

사모펀드 투자자들은 자산을 청산할 필요는 없지만, 보유한 사모펀드 자산으로 인해 제약을 받습니다. 그들의 '가용 자금'은 실제 생각보다 적고, 가장 매력적인 기회가 왔을 때 자본을 투입할 수가 없습니다.

따라서 사모펀드 배분이 많은 투자자는 그들의 자본 흐름이 경기 순응적입니다. 즉 부채가 저렴하고 기업 가치평가 배수가 높은 시기에 가장 많은 돈을 투자하고, 고수익 스프레드가 확대되고 거래 평가가치가 낮을 때 가장 적게 돈을 투자하게 됩니다.

가장 잘 준비된 규율 있는 사모펀드 투자자라 할지라도, 고수익 스프레드 상승 시 적시에 대응하기는 매우 어려울 것입니다. 앞서 언급했듯이 주식 수익률은 고수익 스프레드가 6.5%에 도달한 이후 2~3개월 이내에 극대화됩니다. 부채 차입 금리가 상승하는 상황에서 사모펀드 투자자가 2~3개월 이내에 여러 기회에 걸쳐 의미 있는 규모의 자본을 투입하는 것은 거의 불가능에 가까울 것입니다.

수익률 측면에서 보면 사모펀드 빈티지 연도 수익률은 고수익 스프레드가 6.5%를 초과한 연도가 훨씬 더 높았습니다. 스프레드가 평균 6.5%를 초과하는 빈티지 연도의 평균 내부 수익률(IRR)은

17%지만, 스프레드가 평균 6.5% 미만인 빈티지 연도의 내부 수익률은 12%입니다.

요약하면 사모펀드는 위기 상황에서 발생하는 기회를 이용하기에 가장 이상적인 자산군으로 보이지만, 높은 차입 비용, 짧은 기회의 창, 그리고 높은 수준의 불확실성으로 인해 실제 이를 실행하기는 어렵습니다.

부실 채권

부실 채권은 금융위기를 이용하기에 가장 적합한 자산군으로 보입니다. 부실 채권 펀드는 재무적 어려움에 부닥쳐 있거나 이미 채무 불이행 상태에 있는 기업의 채권, 주식, 또는 매출 채권에 기회주의적으로 투자합니다. 부실 채권 펀드는 이러한 기회를 이용하여 적정 가치보다 현저히 할인된 가격으로 지분을 매입할 수 있습니다.

이러한 목표를 고려할 때, 부실 채권 펀드는 불확실성의 시기에 더 나은 성과를 낼 수 있을 것입니다. 그러나 표 11.1에 보이는 바와 같이 부실 채권 펀드의 평균적인 성과는 비교적 관심을 끌 만한 것이 되지 못합니다. 수익률은 2008년 금융위기 때 −26.6%에서 2016년 이후 회복기에 22.1%까지 다양합니다. 평균 수익률은 8.2%에 불과하며, CCC 지수에 투자하는 것보다 낮고, 변동성이 훨씬 낮은 BB 지수를 간신히 상회하는 수준입니다.

● 표 11.1: 고수익 사건 발생 시 부실 채권 펀드 성과

	바클레이즈 부실 자산 지수	CCC 지수	BB 지수
2000.12.31	17.1%	−0.9%	11.1
2008.03.31	−26.6%	−34.2%	−11.1%
2010.04.30	11.7%	15.1%	12.8%
2012.08.31	17.0%	13.5%	4.9%
2016.02.29	22.1%	53.2%	15.2%
평균	8.2%	9.3%	6.5%

출처: Verdad Research

가장 낙관적인 경우, 부실 채권 펀드는 수수료 차감 전 기준으로 CCC 지수를 능가하는 성적을 낼 수 있지만, 부실 채권 펀드의 수익률이 다중요인모형(다음 섹션에서 설명할 예정)에 비해서는 크게 뒤처진다는 점은 변함이 없습니다.

부실 채권 투자보다 다중요인모형이 더 우수한 성과를 내는 이유는 다중요인모형이 저평가된 건실한 기업들을 매수하는 반면 부실 채권 펀드는 재정적으로 불안정하고 파산위험이 큰 기업들을 매수하기 때문입니다. 부실 채권 펀드 포트폴리오보다 부도율이나 파산율이 낮은 기업들을 매수하는 다중요인모형이 더 좋은 성과를 내는 것은 당연한 결과입니다.

요약하면 사모펀드와 부실 채권 펀드는 위기 상황에서 발생하는 투자 기회를 효과적으로 이용하기에 적합한 수단은 아닙니다. 이 시기 소형 가치주의 현저한 초과 성과를 고려할 때, 상장된 소형 가치

주에만 전적으로 노출하는 것이 이러한 기회를 활용하는 최적의 방법으로 보입니다. 그러나 단순히 이러한 시기에 소형 가치주에 자금을 배분하는 것만으로는 충분하지 않습니다.

이러한 시기에 실제로 자본이 투입될 수 있도록 하기 위해서는 사모펀드 스타일과 비슷한 약정, 즉 스프레드가 특정 임계값(6.5%)에 도달했을 때 자금 투입이 가능하도록 별도의 전용자금을 준비해야 합니다. 이는 가장 어려운 시기에도 투자자들이 이러한 독특한 기회를 활용할 수 있는 규율과 구조를 갖추고 있음을 의미합니다.

주식에 유효한 방법

위기 상황에서 수익을 극대화할 수 있는 좋은 방법은 소형 가치주에 투자하는 것입니다. 저는 최고의 수익률을 보이는 자산군에서 사용할 최적 전략을 개발하기 위해 주식 내에서 어떤 특정 요인들이 성과 예측에 기여하는지 보다 자세한 데이터를 통해 이해하고자 했습니다.

주식 시장에서 어떤 요인들이 효과적이었는지 이해하기 위해, CRSP/Compustat 통합 증권 데이터베이스를 이용해 데이터 세트를 구축했습니다.

이 데이터 세트는 1970년부터 2019년까지 약 13,000개 기업에 대해 400개가 넘는 변수로 이루어져 있습니다. 이를 통해 각 위기 상황에서 어떤 요인들이 증권 수익률을 주도하고, 그리고 이상적인 포트폴리오를 어떤 요인들에 노출해야 하는지 이해하고자 했습니다. 시험한 요인들은 다음과 같습니다.

- 규모 및 거래 활동(일일 평균 거래 가치)
- 가치(다양한 가치평가 지표 복합체)
- 수익성(매출액/자산 및 총이익/자산)
- 마진(순이익 마진과 잉여 현금 흐름 마진 모두)

저의 가설은 위기 시에 규모가 작고 거래량이 적으며 가격이 싸고 수익성과 마진이 높은 주식들이 더 뛰어난 성과를 낼 것이라는 것이었습니다. 그리고 실제 회귀 분석 결과, 이들 각 요인 모두 통계적으로 매우 유의미한 것으로 나타났습니다.

그리고 이러한 지표들을 결합하여 종목 선택을 위한 다중요인모형을 만들었습니다. 이 다중요인모형에 적합한 주식들은 의심의 여지없이 가장 인기 있거나 잘 알려진 주식들이 아닙니다. 이들은 작고 유동성이 낮으며, 경기에 민감하고, 침체한 산업에 속해 있는 경향이 있습니다.

그런 다음 이 모형으로 매긴 순위 상위 50개 주식을 선택해 포트폴리오를 만들고, 그 포트폴리오 성과를 미국 전체 주식 시장 및 가장 싼 주식 10분위의 성과와 비교한 결과, 상당한 초과 성과가 있음을 보았습니다. 각 위기 기간의 전략별 성적은 표 11.2에 있습니다.

● 표 11.2: 위기 시 다중요인모형과 시장 성과

	12개월		24개월	
고수익 사건	시장	다중요인	시장	다중요인
1974	59%	65%	121%	142%
1980	41%	52%	25%	48%
1986	9%	37%	3%	16%
2000	12%	86%	−2%	85%
2008	−38%	−43%	0%	50%
2010	21%	17%	20%	2%
2012	23%	65%	49%	122%
2016	31%	55%	44%	77%
평균	20%	42%	33%	68%

출처: Verdad Research

　이 모형이 다양한 위기 상황에서 꾸준한 성과를 보인다는 것은 모두가 매도하는 상황에서도 준비된, 규율 있는 투자자들이 보상을 받기 위해 이용할 수 있는 검증된 규칙들이 있다는 것을 시사합니다.

　이 전략이 100% 효과적이지는 않지만, COVID 기간 동안 제 투자를 통해 보았듯 효과를 발휘할 수 있으며, 평균적인 정량적 또는 기본적 분석 기반의 종목 선택 전략보다 훨씬 뛰어난 성과를 냅니다. 시장 대비 누적 초과수익률은 위기를 기회로 적절히 이용하는 것이 얼마나 중요한지를 보여줍니다.

　바로 이러한 기회를 위한 전용 자본을 별도로 준비하는 것을 고려해 보십시오. 공황이 닥쳤을 때 투자자들이 침착함을 유지할 수 있을 것으로 생각해서는 안 됩니다. 이러한 기회를 위해 자본을 별도로 준비해 두는 것은 현명한 투자자들이 어려운 시기를 대비해 보험을 들어두는 것입니다.

유럽의 위기 투자

유럽은 미국보다 거래 스프레드가 약간 더 넓은 자체 고수익 시장을 가지고 있습니다. 우리는 8.5%(유럽의 장기 중앙값보다 대략 1 표준편차 높음)를 위기 임계값으로 사용할 수 있다는 것을 발견했습니다. 1997년 발표를 시작한 이후, 유럽의 고수익 스프레드는 이 임계값을 여섯 번 넘었으며, 이는 각 세계 경기 침체 이전 시기(2000년 9월, 2008년 8월, 2020년 3월)를 포함한 것입니다.

표 11.3은 이러한 사례들을 모두 나열하고, 유럽 소형 가치주 총수익률을 켄 프렌치기 계산한 유럽 전체 시장과 비교합니다.

임계값 돌파 직후에 투자하는 것은 너무 때 이른 투자이며, 이는 시장 변동성이 여전히 크기 때문입니다. 그러므로 2~4개월 기다린 후에 투자하는 것이 이상적입니다. 표 11.3은 스프레드가 8.5%에 도달한 때(돌파일)로부터 3개월 후에 투자했다고 가정한 것입니다.

미국과 마찬가지로 유럽의 소형 가치주들은 위기 이후 시장을 현저히 능가하는 일관된 성과를 보였습니다. 위기 이후 소형 가치주가 우월한 성과를 보이는 이유는 간단합니다. 위기가 전개됨에 따라 소

● 표 11.3: 위기 및 자산군별 위기 수익률 (1997년 12월 ~ 2022년 3월)

돌파 날짜	위기	12개월 예상 수익률			24개월 예상 수익률		
		소형 가치주	시장	소형 가치주 초과 수익률	소형 가치주	시장	소형 가치주 초과 수익률
1998.09.30	러시아/아시아 위기	18%	20%	−1%	21%	8%	13%
2000.09.30	닷컴 거품	−3%	−20%	17%	7%	−31%	39%
2003.03.31	노동 시장 위기	52%	31%	21%	105%	56%	48%
2008.08.31	세계 금융 위기	62%	43%	19%	57%	41%	17%
2011.08.31	유럽 부채 위기	10%	14%	−4%	62%	48%	14%
2020.03.31	COVID-19	59%	41%	18%	33%	13%	20%
평균		33%	21%	11%	47%	22%	25%

출처: S&P Capital IQ, Bloomberg, FRED, ICE BofA, Ken French Data Library, Verdad Research

형 가치주는 전체 시장보다 더 심한 매도세를 경험합니다.

또한 급감하는 매출 및 현금 흐름과 함께 약화된 재무 상태와 급증하는 차입 비용으로 인해 영업 활동이 더 큰 타격을 받는 경향이 있습니다. 하지만 위기가 전개되는 동안 소형 가치주에 불리하게 작용했던 두 가지 요인, 급락하는 평가가치와 둔화한 성장은 위기가 바닥을 치고 시장이 회복 국면에 접어들 때 살아남은 기업들에 보상을 제공하는 요인이 됩니다.

결과적으로 위기 시 소형 가치주를 매수하는 투자자들은 더 적게(저평가된 가치 덕분) 지급하고, 더 많이(회복기 평균 이상의 실적 성장 덕분) 얻게 됩니다.

미국과 마찬가지로 유럽의 위기 상황에서도 소형 가치주가 효과적이라는 점을 확인했으므로, 투자자들이 고려해야 할 다른 요인들을 좀 더 깊이 살펴보겠습니다. 가치, 규모, 질, 모멘텀 요인들을 살펴보겠습니다.

고수익 스프레드가 위기 임계값을 넘은 여섯 번의 경우에 대해 유럽 주식 시장 전반에 걸쳐 기업 수준의 재무 자료를 수집했습니다. 그런 다음 앞서 언급한 요인들의 예측 능력을 시험하기 위해 다음 세 가지를 시험했습니다.

1. 요인 회귀 분석이 예상 수익률에 대해 통계적으로 유의미한가?
2. 요인 5분위와 예상 초과 수익률 사이에 선형관계가 있는가?
3. 과거 데이터를 이용한 백 테스트 결과가 시장 수익률을 초과하는가?

표 11.4는 통과 기준을 충족한 요인들의 수익률 스프레드와 t-값을 보여줍니다.

이 연구 결과는 다른 학술 연구들과 일치합니다. 소형주, 저평가주, 우량주(high-quality stocks)를 매수하는 전략이 효과적입니다. 여기서 유일하게 놀라운 결과는 음의 모멘텀의 힘입니다. 대부분의 학술 문헌에서는 모멘텀이 양인 주식을 매수할 것을 지지하지만, 이

● 표 11.4: 요인 5분위 및 t-값별 12개월 예상 수익률

5분위	규모 시가 총액	가치			품질		모멘텀
		EBITDA / TEV	매출 / TEV	B/P	자산 회전율	GP/A	TTM 수익률
5 (상위 20%)	(8%)	12%	15%	11%	7%	4%	(8%)
4	(4%)	4%	4%	0%	4%	3%	(8%)
3	(3%)	(3%)	(2%)	(1%)	0%	2%	(3%)
2	2%	(5%)	(5%)	(3%)	(2%)	(1%)	3%
1 (하위 20%)	12%	(8%)	(12%)	(7%)	(9%)	(8%)	18%
상위 하위 차이	20%	20%	27%	18%	16%	12%	26%
T값	-11.4	4.6	14.9	9.0	7.8	4.3	-16.0

출처: S&P Capital IQ, Verdad Research

연구에서는 가장 큰 타격을 입은 주식들이 회복하여 가장 좋은 성과를 보이는 것으로 나타났습니다.

그런 다음 위에서 언급한 중요한 요인들 즉 규모, 가치, 질, 음의 모멘텀을 근거로 간단하게 점수를 매겼습니다. 고수익 스프레드가 8.5%의 위기 임계값을 넘는 각 사례에 대해 유럽의 투자 가능 주식 그룹(universe)에 이 점수를 적용했습니다. 여기서 투자 가능 그룹은 최소 시가총액이 2,500만 달러 이상이고, 하루평균 거래량이 10만 달러 이상인 기업들로 정의했습니다. 이 그룹에는 순 현금 기업과 레버리지 기업 모두가 포함됩니다.

● 그림 11.4: 시장 대비 상위 50개 주식 포트폴리오의 12개월 예상, 24개월 예상 초과 수익률

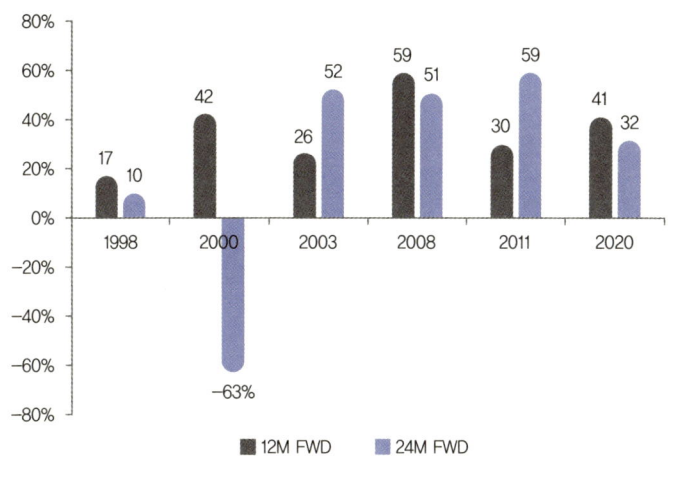

출처: S&P Capital IQ, Verdad Research
참고: 2020년의 24개월 예상 총 수익률은 2022년 6월 30일이 종료일이 되어야 하지만, 2022년 4월 30일을 기준으로 계산하였다.

그림 11.4는 이러한 사건들이 일어나는 동안 동일 가중 시장 평균 대비 상위 50개의 주식으로 구성된 동일 가중 포트폴리오의 12개월, 24개월 예상 초과 수익률을 보여줍니다. 다시 한번 돌파일로부터 3개월 후에 이 위기 포트폴리오에 투자했다고 가정합니다. 24개월 예상 수익률을 연율로 환산하지 않고 대신 총 수익률로 보여준다는 점에 유의하십시오.

이 위기 포트폴리오는 12개월 수익률의 경우, 모든 위기에서 시장 수익률을 앞질렀고, 24개월 수익률의 경우, 여섯 번 중 다섯 번의 위기에서 시장 수익률을 앞섰습니다. 이는 2000년 위기가 보여주는

바 위기 투자에 있어 너무 늦게 빠져나오는 것이 너무 일찍 들어가는 그것보다 더 위험하다는 미국에서의 제 연구 결과와 일치합니다.

위기 포트폴리오 주식 종목은 평균 TEV/EBITDAx2 정도의 가격에 매수한 초소형 주식이었을 것이며, 자산 회전율(매출 성장률을 자산 성장률로 나눈 값)은 1.4배, 잉여 현금 흐름은 12%였을 것입니다. 포트폴리오 기업의 평균 매수 가격은 12개월 전 가격보다 55% 저렴하게 매수했을 것입니다.

이 포트폴리오는 전체 투자 기간의 70%는 산업재, 임의 소비재, 원자재에 투자되어 있었고, 위기 상황 전반에 걸친 변동은 최소화 상태였습니다. 지리적 노출도 또한 안정적으로 유지되었고, 전체 노출에서 영국, 독일, 프랑스가 차지한 비중이 60%를 넘었습니다.

유럽의 소형 가치주가 보유매수 전략에 매력적인 투자 대상이며, 특히 성장 대비 현재 가치(Value-to-Growth)와 가치평가 배수의 장기 평균 회귀 가능성을 고려할 때 그렇습니다. 그리고 금융위기는 소형 가치주에 대한 비중을 크게 늘리기에 이상적인 시기입니다. 이는 소형 가치주의 평균과의 괴리가 평소보다 더 커지고, 경기 회복 국면에서 이익 성장 잠재력이 있기 때문입니다.

유럽 위기가 정확히 언제 발생할지, 무엇이 그것을 촉발할지 알 수는 없지만, 결국 언젠가는 발생할 것입니다. 그리고 그런 위기가 발생하면 고수익 스프레드가 소형 가치주의 추가 투자를 위한 적기를 알려주는 신호가 될 수 있습니다.

신흥 시장 위기

지난 30년 동안, 신흥 시장에서 보유매수 전략을 구사한 투자자들은 실망스러운 수익률에도 불구하고 높은 변동성(S&P500 수익률 15%, 표준 편차 22%)을 견뎌야 했습니다. 신흥 시장 투자자들은 더 적은 보상에 더 많은 위험을 감수했으며, 이들 경제의 GDP 성장에 따른 이익을 포착할 수 없었습니다.

신흥 시장 위기 발생 빈도와 심각성은 신흥 시장 주가지수의 느린 증가와 큰 변동성을 설명하는 데 도움이 됩니다. 1989년 이후, 신흥 경제는 주식 시장 하락률로 측정했을 때 선진국들보다 훨씬 더 많은 위기를 겪었습니다. 이러한 위기는 신흥 시장에서 더 빈번하게 발생할 뿐만 아니라 더 심각합니다.

신흥 시장에서는 30% 하락이 155번, 40% 하락이 114번, 50% 하락이 81번 발생했으며, 선진 시장에서는 30% 하락이 96번, 40% 하락이 60번, 50% 하락이 37번 발생했습니다. 이런 하락이 발생한 국가들의 수는 대체로 비슷합니다.

선진 시장에서 위기가 발생하면 투자자들은 종말론적 예측으로 반응합니다. 예를 들어 '미친 돈(Mad Money)'의 진행자 짐 크레이머(Jim Cramer)는 2007년 말 방송에서 "지금 공부만 하고 있을 때가 아니다. 우리는 아마겟돈에 직면해 있다!"라고 소리쳤습니다.

하지만 이렇게 공황에 빠진 투자자들은 '하늘이 무너지는 증후군(Chicken Little syndrome)'에 빠집니다. 도토리에 맞고 하늘이 무너진다고 소리치는 것과 같습니다. 결국 뉴욕이나 런던의 투자자들은 심지어 금융 혼란의 한가운데에서도 정부 채권이 자본을 안전하게 보전해 줄 것이고, 정치 체제는 안정적이고, 수도꼭지 물은 마르지 않을 것임을 믿어 의심치 않습니다. 실제로 지난 세기 동안 미국에서 발생한 모든 위기 이후 시장 지수가 단기적으로는 고통을 겪었지만 장기적으로는 더 높은 가치로 반등했습니다.

개발도상국의 투자자에게는 상황이 다릅니다. 가난한 시장이 위기로 진입할 때, 확실한 것은 거의 없습니다. 정부가 채무를 불이행할 수도 있고, 심지어 전쟁이 기존의 정치 체제를 뒤엎을 수도 있습니다. 가난한 국가들이 금융위기에 진입할 때 문제는 경제가 언제 회복될 것인가가 아니라 과연 회복될 수 있을 것인가 하는 것입니다.

예를 들어 필리핀은 다른 많은 개발도상국들과 함께 1997년 말에 금융위기를 겪었습니다. 글로벌 파이낸셜 데이터(Global Financial Data)에 따르면 필리핀 주식 시장은 1997년의 최고점을 결코 회복하지 못했습니다. 다시 말해 신흥 시장이 위기 상황에 빠지면 결코 회복하지 못하는 나라들도 있습니다.

신흥 경제는 위기 이전 수준으로 회복할 가능성이 현저히 낮습니다. 선진 시장은 24개월 후 완전히 회복할 가능성이 84~92%지만, 신흥 시장은 72~75%에 불과합니다.

마이클 페티스(Michael Pettis)는 그의 저서 『변동성 기계(The Volatility Machine)』에서 성장과 위기를 모두 설명하는 설득력 있는 이론을 제시합니다. 페티스는 부유한 국가들의 유동성 조건에 초점을 맞춘 경제 성장 모형을 제안합니다.

일반적으로 우리는 자본이 선진국에서 신흥 시장으로 흐르는 현상을 가난한 국가들의 성장 기회 때문이라고 생각하는 경향이 있습니다. 그러나 페티스는 이 인과관계가 정확히 반대로 되었다고 주장합니다. 오히려 부유한 국가들의 유동성 증가가 야심 찬 투자자들이 비전통적인 신흥 시장에 투자하도록 유도한다는 것입니다. 페티스에 따르면 이러한 투자가 신흥 경제의 성장을 주도합니다. 즉 성장이 투자를 유인하기보다는 투자가 성장을 일으킨다는 것입니다.

그렇다고 해서 신흥 시장의 내부상황이 중요하지 않다는 뜻은 아닙니다. 사실 정반대입니다. 신흥 시장의 성장이 외국인 투자에 의존하기 때문에, 개발도상국 내부상황이 부유한 투자자들을 겁먹게 할 수 있고, 이로 인해 투자자들이 자본을 회수하게 되어 금융위기가 촉발될 수 있습니다. 여기서 페티스는 1994년 멕시코의 '데킬라 위기'를 예로 들고 있는데, 이는 인기 있는 대선 후보의 암살로 촉발된 금융 공황이었습니다.

신흥 시장은 이러한 외생적인, 시장을 움직이는 사건들, 정치인 암살, 혼란스러운 정권 이양, 내전에 더 취약하며, 이러한 사건이 발생할 때 개발도상국의 중앙은행은 종종 부유한 투자자들을 안심시킬 만한 세계적 신뢰성이 부족합니다. 상황을 더 악화시키는 것은 신흥 시장의 투자자 중에서 단기적 시야를 가진 투기꾼의 비중이 비정상적으로 높다는 것입니다.

이러한 투자자들은 종종 작은 손실도 감수하지 않으며, 그들의 이

탈은 기존의 위기를 더 악화시킵니다. 이러한 구조적 요인들이 결합해 신흥 시장에서 더 큰 변동성을 일으킵니다.

신흥 시장에서는 심한 유동성 의존과 구조적 불안정성이 결합해 엄청난 변동성을 만들어내며, 이는 투자자들의 낙관론과 비관론 모두를 증폭시킵니다. 이런 의미에서 성장기는 더욱 수익성이 높아지고, 위기 시에는 더욱 재앙적으로 됩니다. 그림 11.5는 이러한 이익과 손실의 증폭을 보여주는데, 신흥 시장이 일반적으로 경기 수축기에는 S&P500보다 못하고 성장기에 더 좋다는 것을 보여줍니다.

● 그림 11.5: 신흥 시장과 S&P500 호황–붕괴 성장률

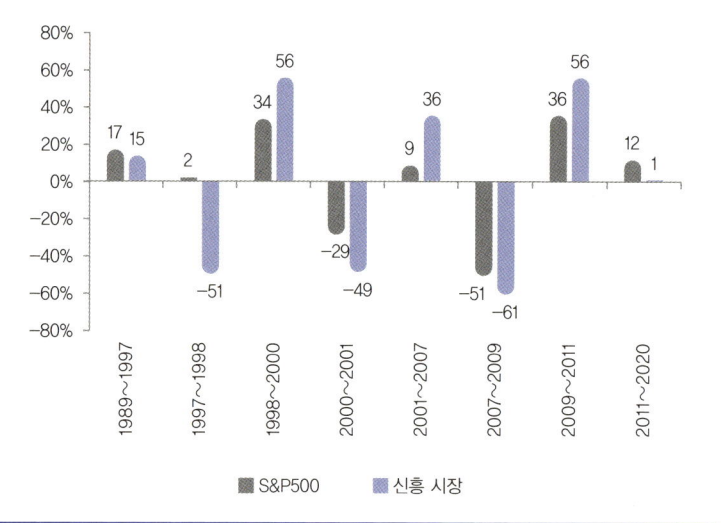

출처: S&P Capital IQ, Verdad Research

페티스의 연구가 시사하는 바와 같이 만약 유동성이 선진국 시장

보다 신흥 시장에서 더 중요한 역할을 한다면, 투자자들은 그들이 제공하는 현금의 가치에 대해 적절한 보상을 받아야 합니다. 동시에 신흥 시장 투자에 손을 대기 시작하는 투자자들이 많아질수록 이런 현금의 가치는 감소하는 것으로 보입니다.

하지만 신흥 시장에서의 위기 투자에 대한 이 이론은 온전히 페티스가 쓴 책만의 결과는 아닙니다. 그는 경제 발전 연구의 관점으로 금융계(community)가 이미 집착해 있던 것들을 탐구하고 있었습니다. 이는 주식 시장의 유동성 충격과 관련 자산 가격수익률 사이의 관계입니다. 다음은 1980년대 이후 정량적 금융에서는 잘 알려져 있던 것들입니다(다른 조건이 같을 때).

- 예상 현금 흐름을 토대로 유동성이 낮은 자산은 일반적으로 유동성이 큰 자산에 비해 더 낮은 가격에 거래됩니다.
- 유동성이 부족한 때 투자자들은 유동성이 낮은 자산에서 유동성이 높은 안전한 자산으로 피신합니다.
- 가치요인(value factor)은 이후 회복 기간 세계 시장과 신흥 시장 모두에서 극적으로 초과 성과를 달성하였습니다.
- 이러한 거래의 상대가 되어 주었던 투자자들은 다른 기본적인 위험 요인으로는 설명할 수 없는 기록적인 보상을 받았습니다. 지난 20년간 정량적 금융 문헌 또한 이러한 유동성 도피에 반대되는(contra-flight-to-liquidity) 거래에 대한 프리미엄이 신흥 시장에서 가장 높았으며, 특히 글로벌 유동성 충격 시기에 두드러졌다는 점을 강조해왔습니다.

그러나 학술적 이론과 증거에 부합하는 실용적이고 실행 가능한 전략 사이의 틈을 메우려는 시도는 거의 없었습니다. 이론상으로 효과가 있는 것이 아직 월가에서는 실제로 활용되지 않고 있습니다. 제가 여기서 조명하는 것이 그 틈을 메우기를 희망합니다.

매우 높은 향후 수익률을 달성하는 경향이 있는 윌리엄 괴츠만의 '역거품 이론'(50% 초과 하락)을 상기해봅니다. 이 이론을 저의 연구에서 검증해 보았습니다. 18개 목표 시장에서 71개의 위기 상황에 대해 24개월 예상 주식 및 채권 수익률을 분석했습니다. 국가별 위기와 글로벌 위기를 구분하여 그림 11.6과 그림 11.7에 그 결과를 표시했습니다.

● 그림 11.6: 세계 위기 시 금융 상품별 2년 수익률 (1987(이전 데이터 포함) ~ 2020)

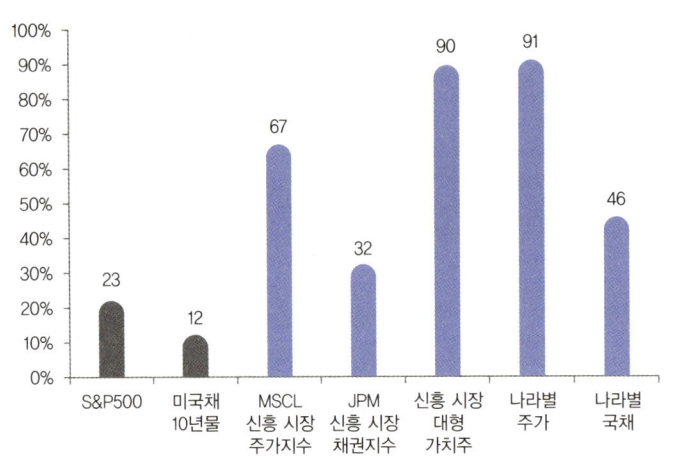

출처: Verdad Research

● 그림 11.7: 국가별 위기 시 금융 상품별 2년 수익률 (1987(이전 데이터 포함) ~ 2020)

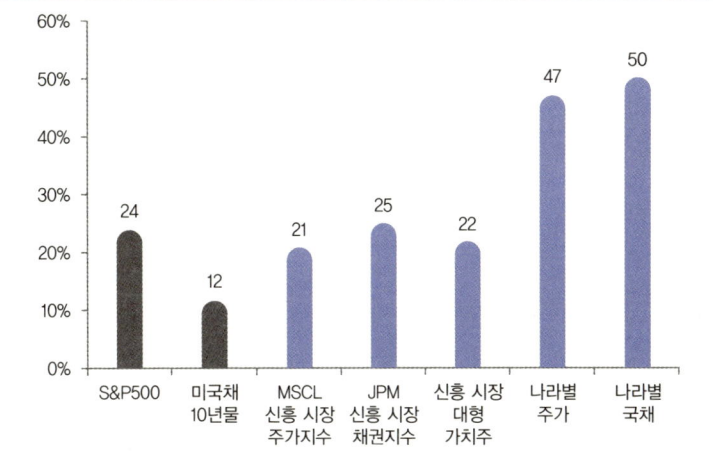

출처: Verdad Research

　　세계 경제 위기 상황에서 즉 신흥 시장에서의 자본 유출이 가장 심했을 때, 신흥 시장 주식이 신흥 시장 채권, 미국 주식, 미국 국채보다 더 높은 성과를 기록한 것을 발견했습니다. 50%가 넘는 하락을 경험한 국가들에 집중하거나(나라별 주가로 표시), 신흥 시장의 대형 가치주에 투자하는 것이 더 광범위한 신흥 시장 지수보다 더 나은 성과를 보였습니다.

　　국가별 위기 상황에서는 신흥 시장 국채가 다른 모든 투자 수단보다 높은 성과를 보였으며, 주식 시장이 50% 넘게 하락한 국가들의 국채에 초점을 맞춘 전략이 가장 좋은 성과를 보였습니다(나라별 국채로 표시).

　　세계 경제 위기 상황에서 유동성이 무차별적으로 고갈될 때, 지역 신흥 시장 지수와 가치 포트폴리오는 가장 좋은 주식 투자 기회가 됩니다.

세계 경제 위기가 전개될 때, 외국인 투자자들은 일반적으로 본국에서 전개되는 위기를 방어하기 위해 또는 본국에 투자하기 위해 신흥 시장에서 자본을 회수합니다. 이로 인해 신흥 시장은 유동성이 마르고, 이는 글로벌 위기로 시작된 하락을 더 증폭시킵니다. 이러한 하락으로 이 시장에 진입하여 반등의 기회를 노리는 이 소수의 투자자에게 유리하게 주식과 채권의 값은 더 싸지게 됩니다.

투자자들은 위기 시 신흥 시장에 투자함으로써 미국에 투자하는 것보다 더욱더 높은 수익 가능성을 기대할 수 있습니다. 세계 경제 위기 시 신흥 시장에 투자하는 것이 특히 큰 보상을 주는 것으로 보입니다. 기록에 의하면 국가 수준의 수익률이 S&P500 대비 네 배나 높았으며, 회복률도 더 높았습니다. 이는 특정 국가의 위기인 경우는 다릅니다.

이 경우 신흥 시장 국가 주식의 수익률은 더 높은 위험을 동반하며, 이러한 국가의 채권에 투자하는 것이 주식 시장에 투자하는 것보다 더 나은 위험-수익 균형(trade-off)을 제공합니다. 또한 가치투자는 과거 위기 시 신흥 시장이 미국보다 더 나은 성과를 보였습니다.

따라서 이 책의 전반부에서는 일반적으로 신흥 시장, 특히 중국 및 다른 사회주의 국가들에 대한 투자를 피하라고 권했지만, 위기 시에 전술적으로 신흥 시장에 투자하는 것도 매력적인 수익 프로필을 제공할 수 있습니다.

결론

위기 상황에서는 시장이 공황 상태에 빠지고, 닥쳐올 나쁜 상황을 예측함에 있어 투자자들은 서로 지나친 상관관계를 보입니다. 그러나 겸손한 투자자는 이러한 암울한 예측이 주식 열풍의 특징인 망상만큼이나 실현 가능성이 작다는 것을 알고 있습니다. 투자자는 냉정함을 유지하고 위기 이후의 장기적인 회복률을 생각하면서 다른 사람들이 매도할 때 그저 매수하고, 두려움의 사회적 전염을 피함으로써 상당한 초과 이익을 얻을 수 있습니다.

제12장

인플레이션 살아남기

인플레이션 시기는 일반적으로 투자자들에게 스트레스가 많은 시기이지만, 꼭 그런 것만은 아닙니다. 인플레이션 압력 속에서 시장이 어떻게 작동하는지 이해하고, 인플레이션에 대비해 시장의 어떤 측면을 어떻게 방어하고 타이밍을 잡을지 분석한다면, 일반적으로는 자산에 좋지 않다고 여겨지는 이런 시기에도 돈을 벌거나 최소한 버틸 수는 있습니다.

주식과 채권은 경제 성장 충격에 대해 서로 반대로 반응합니다. 주식은 오르고 채권은 내립니다. 그러나 인플레이션 충격에 대해서는 주식과 채권이 같은 방향으로 반응합니다. 주식은 하락하고 채권은 보통 더 많이 하락합니다. 인플레이션이 심할수록, 그리고 미래 인플레이션에 대한 불확실성이 커질수록, 주식과 채권이 같은 방향

● 그림 12.1: 과거 3년 월간 주식-채권 상관관계와 평균 핵심 인플레이션

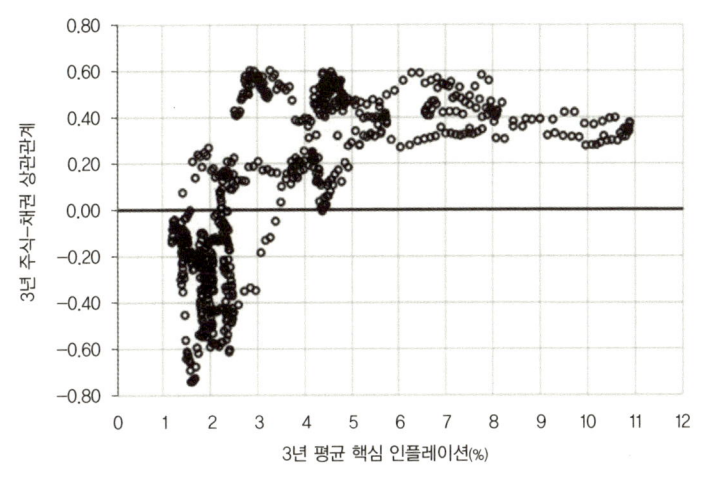

출처: Bloomberg
참고: 1989년 이전에는 SBBI Ibbotson 미국 대형주와 미국 장기 국채를 사용

으로 움직일 가능성이 커집니다.

그림 12.1은 핵심 인플레이션율이 평균 4%를 넘을 때, 예외를 제외하고 주식-채권 상관관계가 플러스(+)가 된다는 것을 보여줍니다.

인플레이션이 연준의 정책 반응 함수의 주요 요인일 경우, 주식과 채권은 더 높은 상관관계를 보일 가능성이 큽니다.

인플레이션이 문제가 되지 않을 경우, 성장이 연준 반응 함수의 주요 요인이 되고, 정책금리 변동은 성장에 대한 우려에 의해 좌우됩니다. 예상금리 하향 조정은 성장 예상치 하락과 함께 발생합니다. 이는 주식과 채권이 서로 반대 방향으로 움직이게 합니다. 같은 맥락으로 인플레이션에 초점이 맞춰질 때 주식-채권 상관관계가 높은

것이 당연하며, 이는 인플레이션이 높을 때 가장 자주 발생합니다.

반대로 주식-채권 상관관계가 부(-)가 되려면, 인플레이션이 잠잠해야 합니다. 이는 인플레이션이 낮고 제한적일 때 가장 자주 발생합니다. 이러한 맥락에서 주식-채권 상관관계를 무엇이 지배적인 위험인지, 즉 인플레이션인지 성장인지, 그리고 그 위험이 어떻게 변화하고 있는지를 보여주는 지표로 볼 수 있습니다.

인플레이션이 주목받고 주식과 채권이 높은 상관관계를 가지기 시작할 때, 투자자들은 전통적인 포트폴리오의 주요 구성요소들이 제 기능을 하지 못하는 시기에 수익을 제공할 수 있는 대체자산을 찾아야 합니다.

주식과 채권은 일반적으로 인플레이션에 대해 부정적으로 반응하는 경향이 있지만, 다른 자산군, 특히 원자재는 그렇지 않습니다. 이를 잘 설명하는 방법은 월별 자산군 수익률을 인플레이션 수준의 변화에 대해 회귀 분석하여 인플레이션 베타를 계산하는 것입니다. 표 12.1에서 1.5의 베타는 인플레이션이 1% 증가할 때 주어진 기간 동안 자산 수익률이 1.5% 증가한다는 것을 의미합니다. 참고로 분석된 전체 기간 각 자산의 인플레이션 베타와 함께 해당 자신의 연평균 실질 수익률, 그리고 인플레이션 상승기 동안의 실질 수익률이 제시되어 있습니다.

표 12.1에서 보듯이 월간 데이터에 대한 회귀 분석에서 원자재와 금이 가장 높은 인플레이션 베타를 보이며, 인플레이션 상승 기간의 실질 수익률이 전체 기간보다 높았던 유일한 두 자산입니다. 반대로 10

● 표 12.1: 자산별 인플레이션 베타와 연평균 실질 수익률 (1970~2020)

	인플레이션 베타	연평균 실질 수익률		
		전체 기간	인플레이션 상승기	차이
원자재	4.0	4.2%	14.6%	10.3%
금 현물	2.1	6.1%	15.7%	9.7%
REITs*	0.7	9.8%	1.1%	-8.8%
1–5Y TIPS**	0.5	0.9%	0.1%	-0.8%
고수익 채권	-0.4	5.0%	-0.9%	-5.9%
10Y+ TIPS***	-0.5	6.3%	2.1%	-4.2%
스위스 프랑	-0.6	-4.4%	-8.0%	-3.8%
S&P500	-0.7	7.9%	-0.4%	-8.2%
회사채 (BAA)	-0.8	4.5%	-1.2%	-5.7%
미 국채 10년 수익률	-1.1	3.3%	-3.7%	-7.0%

출처: Bloomberg, FRED, Verdad Research
* 1990년 이후 가용 REIT 데이터(다우존스 REIT 총수익 지수);
** 2005년 이후 가용 단기 듀레이션 TIPS 데이터(바클레이즈 1–5Y TIPS 총수익 지수);
*** 2000년 이후 가용 장기 듀레이션 TIPS 데이터(바클레이즈 10Y+ TIPS 총수익 지수).

년 만기 미국 국채는 가장 부정적인 인플레이션 베타를 보였습니다.

이러한 결과는 최근의 인플레이션 시기에도 유효했습니다.

인플레이션이 처음으로 3%를 넘은 2021년 6월부터 2024년 4월까지, 석유는 97%, 금은 17%의 수익률을 기록했습니다. 반면 10년 만기 미국 국채는 21% 손실을 보았습니다. 또한 주목할 만한 점은 인플레이션을 방어한다는 의미를 내포하는 이름을 가진 TIPS가 이 기간에 6% 손실을 기록했다는 것입니다.

문제는 TIPS 수익률이 사실상 실질 금리이며, 국채가 명목 금리에 반응하는 것과 같은 방식으로 실질 금리 변화에 반응한다는 것입니다. 실질 금리의 변화는 인플레이션 상승을 상쇄하고도 남을 수 있습니다.

인플레이션 상승으로 포트폴리오 대부분을 차지하는 주식과 채권이 압박을 받을 때, 좋은 자산을 포트폴리오에 포함하고자 하는 투자자들에게 인플레이션 헤지 수단으로 금과 원자재(특히 살펴볼 석유)가 가장 유망해 보입니다.

하지만 원자재 투자에는 상당한 위험이 따릅니다. 석유와 금은 상대적으로 미미한 수익률에 비해 매우 높은 변동성을 보였으며, 과거 상당한 하락을 경험했습니다. 따라서 원자재를 투자 포트폴리오에 포함할 때는 신중해야 하며, 필요할 때만 이러한 상품을 사용하는 시의적절한 전략을 고려해야 합니다.

석유 거래

석유는 고수익 스프레드가 하락할 때 가장 효과적입니다. 석유가 고수익 스프레드가 하락하고 경제가 개선될 때 좋은 성과를 내는 이유에 대한 이론은 석유 수요가 GDP 성장에 의해 좌우된다는 점에 근거하고 있습니다.

앞 장에서 살펴본 것처럼 고수익 스프레드는 경제 성장의 좋은 지표로 작용합니다. 표 12.2는 고수익 스프레드의 변화가 석유 선물

● 표 12.2: 고수익 스프레드 변화 4 분위별 WTI 선물 평균 수익률

고수익 스프레드 변화 4분위	3개월 평균 수익률
1	4.2%
2	3.1%
3	1.8%
4	1.9%

출처: Bloomberg, Verdad Research

수익률을 어떻게 예측하는지를 보여줍니다.

이러한 결과는 고수익 스프레드의 과거 변화가 적었을 때(즉 제1분위에 있을 때) 석유 선물 수익률이 가장 높았음을 보여줍니다.

● 그림 12.2: 주요 유가 폭락 시 고수익 스프레드 추이 (1954~2020)

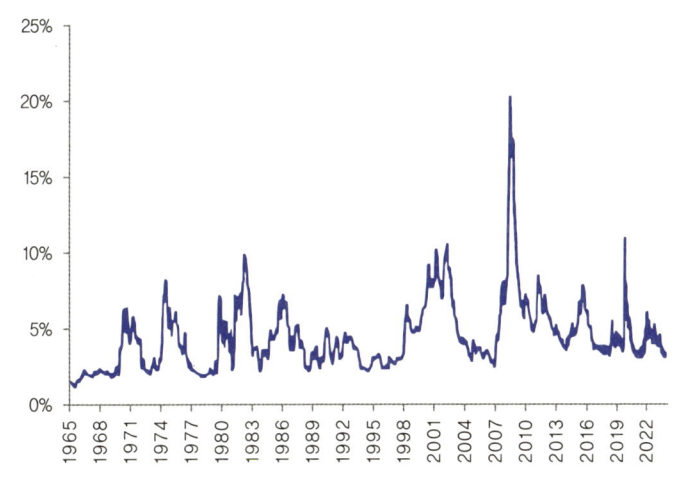

출처: Bloomberg, Verdad Research

반대로 과거 고수익 스프레드의 변화가 컸을 때(즉 제4분위에 있을 때) 석유 선물 수익률이 가장 낮았습니다. 이 관계는 시간에 따른 주요 유가 폭락이 표시된 고수익 스프레드 차트를 보면 더욱 확실히 알 수 있습니다.

1970년대 이후 대부분 주요 석유 가격 폭락은 고수익 채권 스프레드가 급격히 확대되는 시기와 일치했습니다. 이는 경제 활동의 대리 지표로서 고수익 스프레드가 석유 매수 시점을 알려주는 좋은 지표 역할을 할 수 있다는 생각에 신뢰성을 더해 줍니다.

금 거래

금은 명확한 경제적 용도가 없어 예측하기가 더 까다롭습니다. 투자자들은 금을 통화 재평가 위험에 대한 보험으로 여기므로, 금의 가치는 통화 불안정에 대한 두려움의 수준에 따라 달라집니다.

금은 인플레이션 환경에서 가장 좋은 성과를 내는 자산으로 제 연구에 따르면, 인플레이션 베타가 2.1입니다(즉 인플레이션이 1% 상승할 때 금 가격은 2.1% 상승함). 1990년 이전에 평균 인플레이션이 6.3%였고, 1980년에는 최고 14%에 달했습니다. 이 시기 금은 평균적으로 60/40 포트폴리오 가치의 3.2배였습니다. 반면 그 이후 2020년까지의 기간 동안 인플레이션이 평균 2.4%로 억제된 시기 금은 평균적으로 60/40 포트폴리오 가치의 0.6배에 불과했습니다.

인플레이션은 항상 금 수익률의 중요한 한 요인이었지만, 1990년 이후 인플레이션이 하락하면서 이러한 관계는 약화하였습니다. 1980년 이후로는 실질 금리와 실질 GDP 성장률 모두 똑같이 금 수익률의 중요한 요인이 되었습니다. 예를 들어 1980년 이전에는 금이 실질 GDP 성장률 변화보다 인플레이션 변화에 세 배 더 민감했지만, 1980년 이후부터는 이 두 요인에 대한 금의 민감도가 똑같아졌습니다.

또한 금은 GDP와 역의 관계를 보이는 경향이 있습니다. 경기 침체기, 즉 GDP가 하락하고 고수익 스프레드가 상승할 때 금 가격이 급등합니다. 평균적으로 경기 침체기에 금은 60/40 포트폴리오 비해 1.3배 상승했습니다.

따라서 금은 포트폴리오 배분에서 중요한 보완적 역할을 할 수 있습니다. 이는 주식과 채권 같은 전통적인 자산이 높은 인플레이션이나 경기 침체로 인해 부진할 때 수익을 제공할 수 있습니다. 금은 경기 침체 및 인플레이션 시기, 즉 수익이 가장 필요할 때 수익을 창출하는 데 도움을 줄 수 있으며, 주식과는 상관관계가 없습니다. 그러나 금은 변동성이 크고 과거에 대규모 하락을 경험한 적도 있습니다. 따라서 투자자들은 금에 대한 노출 시점에 있어 신중해야 합니다.

단기적인 금의 움직임을 예측하기란 거의 불가능하다는 것이 문제입니다. 저는 거시 경제 연구에서 금 가격에 관한 의미 있는 예측지표는 찾지 못했습니다.

무한 펀드(Unlimited Funds)의 창립자이자 전 브리지워터(Bridgewater)

● 그림 12.3: 다양한 인플레이션 수준에서의 선진국 및 신흥 시장의 평균 금 수익률

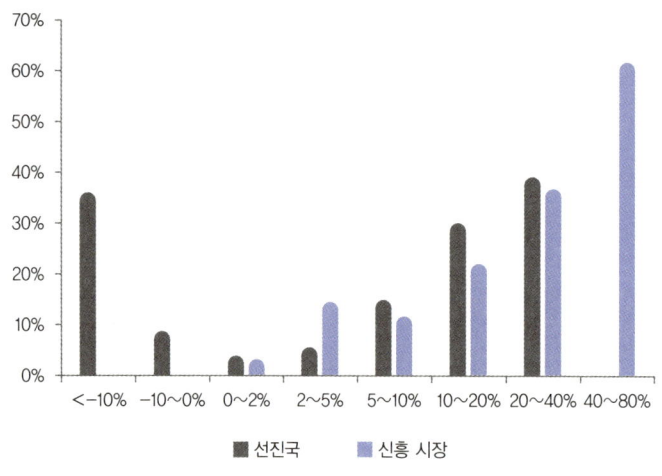

출처: Unlimited Funds

투자자인 밥 엘리엇(Bob Elliott)은 "금이 대부분은 예측 가능하지도 포트폴리오에 유용하지도 않지만, 인플레이션이 10%를 넘어가거나 디플레이션이 발생하는 극단적인 상황에서는 꾸준히 더 나은 성적을 낸다"고 주장합니다.

그림 12.3은 다양한 인플레이션 수준에서의 금 수익률에 대한 그의 연구 결과를 보여줍니다. 금 수익률은 인플레이션이 극심하거나 디플레이션이 발생할 때 가장 좋습니다.

엘리엇은 "이러한 극단적 위험(tail risks)으로부터 보호하는 것이, 통화가 덜 안정적인 신흥 시장 투자자들에게 매우 가치 있는 것"이라고 주장합니다. 심지어 "선진 시장 투자자들도 지난 100년 동안

미국에서 대공황이 두 차례, 인플레이션 급등이 여러 번 발생했으며, 이때 금을 분산 포트폴리오에 포함했으면 큰 도움이 될 수 있었을 것을 기억해야 한다"고 주장합니다.

그가 발견한 바로는 주식이 하락한 12개월 중의 11% 기간에서 금이 채권보다 나은 성과를 보였으며, 이는 극단적 위험 해지를 위한 금 보유를 정당화합니다.

인플레이션 시기를 헤쳐나가는 것은 매우 어려울 수 있지만 이러한 시기에 원자재를 투자 포트폴리오에 추가하면 화폐 가치 하락이라는 최악의 영향을 예방하는 데 도움이 될 수 있습니다.

제13장

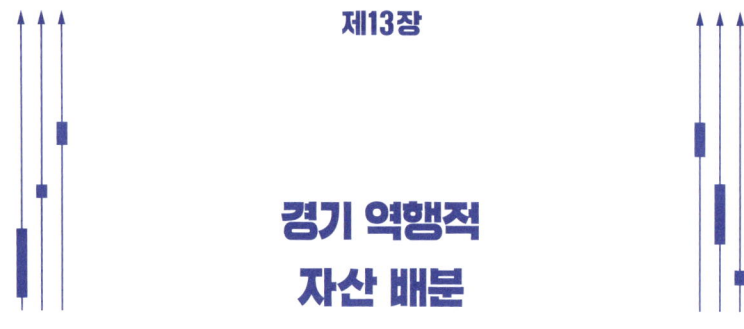

경기 역행적 자산 배분

영국 총리로서 가장 어려운 점이 무엇인지 묻는 말에 대해 해럴드 맥밀런(Harold Macmillan)이 "사건이야, 얘들아, 사건"이라고 대답한 것은 유명합니다. 그의 재치 있는 대답은 마치 주식 투자에 관한 것으로 들릴 수도 있습니다. 모든 것이 순조롭게 진행되다가 주택 담보 증권 위기나 팬데믹, 무더기 예금 인출 사태와 같은 사건들이 발생합니다.

우리는 항상 어떤 새로운 정보가 있고, 세상이 변해 포트폴리오 변경이 필요하게 될 때까지는 현재의 포트폴리오를 계속 유지하려는 태도를 가지고 있습니다.

뉴스와 새로운 정보는 우리가 미래에 대한 기대를 바꾸게 만들며, 쉴러(Shiller)가 잘 설명한 바와 같이, 이 과정은 과도한 변동성을 발생시키는 데 일조합니다.

투자자의 숙원(white whale)은 주식과 같은 수익률을 제공하면서도 변동성은 더욱 합리적인 수준인, 놀라서 섣부른 결정을 하는 극심한 하락이 없는 투자 방법을 찾는 것입니다. 이러한 유혹은 사모펀드의 큰 성공에서 잘 나타납니다.

제6장에서 논의했듯이 사모펀드는 시장 변동성이 없는 주식 수익률(결국 사모펀드도 주식이기 때문)을 제공하는데, 이는 공개되지 않는 자산 평가 방식 때문입니다.

문제는 이러한 목표를 달성하는 것이 가능한지, 아니면 주식 투자로 수익을 원하는 투자자들의 유일한 선택지가 단순히 투자 기간을 늘리고, 신경을 덜 쓰며, 그저 필사적으로 버티는 것뿐인가 하는 것입니다. 그리고 저는 선천적으로 이를 실행할 수 없는 사람들이 많음을 언급하고 싶습니다.

저는 지난 몇 년간 이 물음에 고무되었고, 이러한 결과를 달성할 수 있는 방법을 찾기 위해 노력해 왔습니다. 그리고 30대인 제가 이 목표를 이루었다고는 말할 수 없지만, 이를 가능하게 할 핵심 도구와 접근법을 찾아냈다고 생각합니다.

경기 역행적 자산 배분 전략을 구축하기 위해서는 세 가지 핵심 도구가 필요합니다. 이는 원자재와 통화를 포함한 보다 광범위한 자산군, 공매도 능력, 시장 환경 변화에 따라 신속하게 자산 배분을 조정하는 타이밍 전략입니다.

먼저 이러한 도구 각각을 알아보고, 왜 유용한지 살펴본 다음, 이들을 통합하는 전략을 구축하는 방법에 대한 제 생각을 설명하겠습니다.

광범위하고 다양한 자산 활용

시작은 투자 가능한 선택 범위를 확장하는 것입니다. 투자자 포트폴리오 대부분은 주식과 채권에 과도하게 의존합니다. 평균적인 투자자는 포트폴리오 대부분을 이 두 자산군에 배분하고 있습니다. 상장 주식의 높은 변동성은 주식과 채권의 비율이 60/40인 투자자조차도 포트폴리오 수익률과 변동성 노출의 거의 90%가 주식에서 비롯된다는 것을 의미합니다(그림 13.1 참조). 이는 제가 보기에는 결코 겸손치 못한 파이의 큰 부분이 아닐 수 없습니다.

● 그림 13.1 : 60/40 투자자 수익률 기여도 (2005~2023)

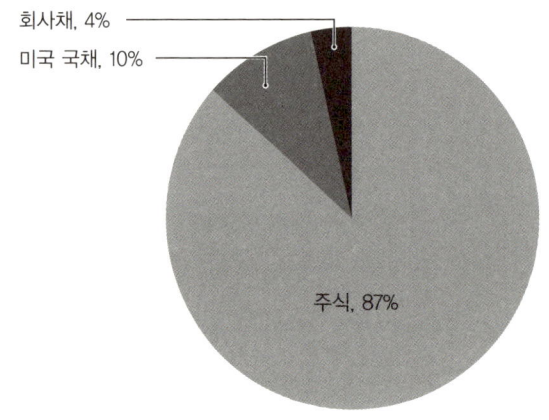

출처: Capital IQ, Verdad Research

수익률과 변동성 모든 측면에서 주식의 지배력을 고려하면, 변동성은 주식보다 낮고, 수익률은 주식과 같은 수익률을 제공하는 전략에 원자재와 통화를 포함하는 더 광범위한 자산군을 포함해야 한다는 것이 분명해집니다.

앞 장에서 논했듯이 석유와 금과 같은 원자재는 채권에 불리한 인플레이션이 높은 시기와 인플레이션이 상승하는 시기의 포트폴리오에서 헤지 역할을 할 수 있습니다. 추가적인 자산 추가는 수익률을 예측할 수 없을지라도 변동성을 줄이고 수익률을 개선하는 데 도움이 될 수 있습니다(대부분의 자산군에 대해 수익률을 예측할 수 없다고 가정하는 것이 일반적으로 좋습니다). 우리는 앞서 심지어 예상 수익률을 바꾸지 않고도 변동성과 상관관계에 대한 예측을 달리함으로써 자산 배분을 달리하는 방법을 논의했습니다.

간단한 예로 포트폴리오가 주식과 금으로 구성되어 있다고 가정해 봅시다. 주식의 예상 수익률은 2%이고 금의 예상 수익률은 0%라고 합시다. 만약 주식의 변동성이 높을 것으로 예상하고, 금과 주식의 상관관계가 낮거나 부의 상관관계라는 것을 아는 경우, 우리는 변동성이 큰 주식으로부터 분산 투자하기 위해 금의 비중을 늘릴 것입니다. 반대로 금의 변동성이 높고 주식과 높은 상관관계를 가진다고 믿는다면, 금은 훨씬 덜 유용한 헤지 수단이 될 것입니다.

따라서 분산 투자 자산의 예상 수익률이 거의 없거나 0인 경우라도, 주식 시장의 변동성이 클 때 자본을 보전하는 데 유용할 수 있습니다.

좀 더 구체적인 예로 그림 13.2는 100% 주식 포트폴리오와 변

● 그림 13.2: 주식 대비 주식+ 원자재/통화 해지 (2005~2023)

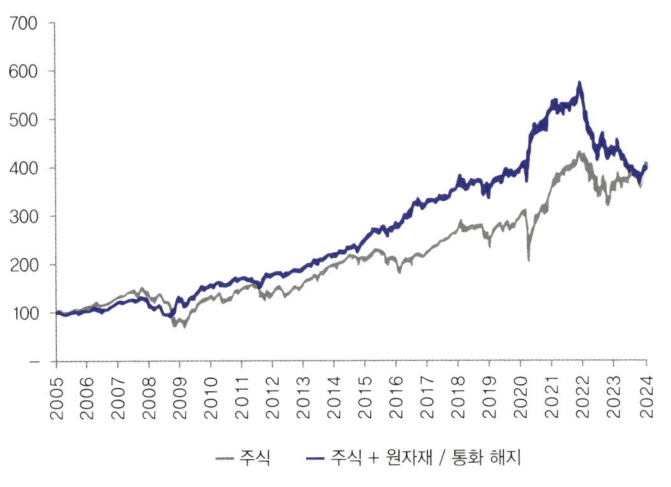

— 주식   — 주식 + 원자재 / 통화 해지

출처: Capital IQ, Verdad Research

성적 통계

통계	100% 주식	+ 원자재 / 통화 해지
연평균 복합 성장률	7.6%	7.7%
평균 수익률	8.7%	7.8%
표준 편차	16.3%	11.4%
샤프 비율	0.53%	0.68%
최대 낙폭	−54%	−36%

동성과 상관관계의 변화에 따라 석유, 금, 구리, 그리고 통화 바스켓 (JPY, GBP, EUR, MXN)에 대한 자산 배분을 조정하는 100% 주식 포

트폴리오의 수익률을 보여줍니다. 주식 외의 이러한 자산의 수익률은 모두 0%로 가정하므로(주식은 장기 평균 수익률 가정), 이들은 오직 변동성을 줄이는 목적으로만 사용됩니다. 또한 투자자들은 이러한 자산에 대해 롱(long) 또는 숏(short) 포지션을 취할 수 있고, 레버리지를 사용하여 전체 포트폴리오 노출이 100%를 초과할 수 있다고 가정합니다.

통화와 원자재를 추가하는 것은 일반적으로 이러한 자산들이 주식에 비해 낮은 예상 수익률을 가지더라도, 변동성과 최대 하락폭을 줄이고 수익률을 개선하는 데 도움이 될 수 있습니다.

이는 분산의 논리와 일치합니다. 더 다양한 자산을 보유하면 전체 포트폴리오 위험을 줄일 수 있습니다. 최적의 포트폴리오는 가장 높은 수익률을 내는 자산에 100% 배분하는 것이 아닙니다.

변동성과 상관관계에 대한 정보, 그리고 과거 데이터로 이러한 변수를 예측할 수 있는 능력은 자산 배분을 똑똑하고 효율적인 방식으로 할 수 있게 해줍니다. 주식 위험에 과도하게 편중된 전통적인 포트폴리오는 대체자산 분산 투자를 통해 혜택을 볼 수 있습니다.

롱/숏 요인 포트폴리오

공매도 능력 그 자체가 특별한 이점을 제공하지 않습니다. 예상 수익률이 마이너스인 주식들로 구성된 공매도 전용 포트폴리오로 돈을 벌 수 있지만, 과도한 변동성 문제는 여전합니다.

하지만 공매도는 주식에서 특정 요인에 대한 노출을 증가시키는 데 매우 유용할 수 있습니다. 저는 주식의 가치 요인과 수익성 요인, 그리고 가치주와 수익성이 높은 주식 보유로 시장 수익률을 능가할 방법에 관해 썼습니다. 공매도로 가치와 수익성에서 나오는 초과 수익을 시장 베타와 분리할 수 있습니다.

가치와 수익성은 주식 수익률을 설명하는 여러 요인 중 두 가지일 뿐이며, 투자자들은 시야를 넓혀 금융학자들이 발견한 다른 주요 요인들을 포함할 수 있습니다. 표 13.1은 이들 중 일부를 보여줍니다.

● 표 13.1: 주식 스타일 요인 수익률, 변동성, 샤프 비율

	요인	수익률	표준 편차	샤프 비율
Style	가치	5%	2%	2.28
	수익성	2%	2%	1.26
	배당률	1%	2%	0.80
	모멘텀	3%	4%	0.79
	변동성	1%	8%	0.19
	성장	0%	1%	0.12
	수익 변동성	(0%)	2%	(0.14)
	규모	(1%)	2%	(0.28)
	매매	(1%)	2%	(0.41)
	레버리지	(1%)	2%	(0.50)
	투자	(2%)	2%	(0.90)

출처: Capital IQ, Verdad Research

앞 장에서 다룬 가치와 수익성은 샤프 비율이 매우 높은 전략으로, 채권과 같은 변동성으로 일관된 초과 수익을 창출합니다. 투자자들은 일관되게 가치와 수익성 요인에 베팅하거나, 또는 일관되게 공매도를 해서, 즉 투자 요인들을 통해 돈을 벌 수 있습니다. 이러한 수익 흐름은 더욱 광범위한 주식 시장 전체보다 훨씬 더 안정적이고 일관적입니다.

더욱이 다중 회귀 분석을 통해 이러한 요인 수익 흐름을 만들면, 요인들은 정의상 다른 요인들 또는 주식 시장(절편)과 상관관계가 0이 됩니다(참고로 과거 실적 성장에 기반한 성장 요인은 예측능력이 전혀 없는데, 이는 성장 예측 불가능성에 대한 제 견해와 일치합니다).

투자자들은 원하는 요인 노출을 가지는 주식 포트폴리오를 구성할 수 있습니다. 즉 수익성이 높고 변동성이 낮은 요인들에 대한 노

● 표 13.2: 롱만 가능한 포트폴리오 요인 노출 설명

자산	비중	요인 노출					
		절편	미국	유럽	가치	퀄리티	투자
회사 A	25%	1.0	1.0		2.0	1.0	–
회사 B	25%	1.0	1.0		2.0	1.0	1.0
회사 C	25%	1.0		1.0	2.0	2.0	2.0
회사 D	25%	1.0		1.0	2.0	(1.0)	3.0
롱		1.00	0.50	0.50	2.00	0.75	1.50
숏		–	–	–	–	–	–
포트폴리오		1.00	0.50	0.50	2.00	0.75	1.50

출은 늘리고, 수익성이 낮고 변동성이 높은 요인들에 대한 노출은 줄일 수 있습니다.

예를 들어 가치요인 점수가 높은 매우 저렴한 포트폴리오를 만들려고 한다고 상상해 봅시다. 우리는 표 13.2에 나와 있는 네 개의 주식을 선택할 수 있는데, 이들은 가치요인 노출이 2.0입니다(이는 시장 전체보다 2 표준 편차만큼 더 저렴하다는 것을 의미합니다).

이와 같은 방식으로 구성된 포트폴리오는 우리가 선택한 싼 기업들과 함께 자연스럽게 따라오는 부수적인 요인 노출을 포함하게 됩니다. 이 포트폴리오는 또한 주식 절편에 대해 단위 노출을 가지며, 투자와 수익성으로 기울어져 있고, 미국과 유럽으로 나누어져 있습니다.

공매도의 중요성은 투자자들이 매우 명확한 목표 요인 포트폴리오를 만들 수 있게 한다는 것입니다. 예를 들어 가치 비중이 높은 기업들을 매수하고 가치 비중이 낮은 기업들을 공매도해, 부수적인 요인 노출을 상쇄함으로써, 다른 모든 요인에 대해 중립적이면서 가치로 치우치는 포트폴리오를 만들 수 있습니다.

이는 주식 절편을 포함한 모든 다른 요인들에 대해 중립적입니다. 다시 말해 주식 시장과 상관관계가 없는 시장 중립적 요인 포트폴리오를 만들 수 있습니다.

표 13.3은 롱/숏 요인 포트폴리오의 예시입니다. 네 개의 매도 포지션을 추가함으로써 가치 요인을 제외한 모든 다른 요인들에 대한 노출이 0인 포트폴리오를 만들었습니다. 이러한 방식으로 투자자들은 고유한 자산 또는 거래 포트폴리오로 볼 수 있는 요인 포트폴리

● 표 13.3: 롱/숏 포트폴리오 요인 노출 예시

자산	비중	요인 노출					
		절편	미국	유럽	가치	품질	투자
회사 A	25%	1.0	1.0		2.0	1.0	–
회사 B	25%	1.0	1.0		2.0	1.0	1.0
회사 C	25%	1.0		1.0	2.0	2.0	2.0
회사 D	25%	1.0		1.0	2.0	(1.0)	3.0
회사 E	(25%)	1.0	1.0		(0.5)	–	1.5
회사 F	(25%)	1.0		1.0	(1.0)	1.0	1.0
회사 G	(25%)	1.0	1.0		–	2.0	3.0
회사 H	(25%)	1.0		1.0	(0.5)	–	0.5
롱		1.00	0.50	0.50	2.00	0.75	1.50
숏		(1.00)	(0.50)	(0.50)	0.50	(0.75)	(1.50)
포트폴리오		–	–	–	2.50	–	–

오를 만들 수 있습니다.

가치나 수익성과 같이 샤프 비율이 높은 요인 포트폴리오는 레버리지를 높여 주식보다 변동성은 낮지만, 주식과 유사한 수익률을 달성할 수 있습니다.

원치 않는 요인 노출을 상쇄하거나 원하는 노출을 강화하려고 일부러 공매도를 활용하는 이러한 종류의 목표 지향적 요인 노출은 헤지펀드가 고수익, 저변동성 전략을 만드는 데 사용할 수 있는 도구 중 하나입니다.

요약하면 롱/숏 요인 포트폴리오를 사용함으로써 평범한 투자자도 더 합리적인 수준의 변동성을 가진 새로운 자산군 조합을 구축할 수 있습니다.

타이밍: 자산 배분을 신속히 조정할 수 있는 능력

자산 배분 타이밍은 미래를 예측해야 하므로 어렵습니다. 사람들은 금융 예측을 생각할 때 주로 수익률 예측을 생각하지만, 모두가 알듯이 수익률을 예측하는 것은 매우 어렵습니다. 사실 이 책에서 강조하여 설명한 바와 같이, 금융 시장에서 대부분은 예측할 수 없습니다.

주식 시장의 방향, 지역별 상대적 수익률, 또는 부문별 성과에 대한 모든 예측은 아주 회의적으로 다루어져야 합니다. 저는 이를 위해 할 수 있는 거의 모든 가능한 방법으로 연구해 보았고 같은 결론에 도달했습니다. 이는 그냥 불가능합니다. 세상은 너무 예측 불가입니다.

예를 들어 저는 고수익 스프레드가 최고의 거시 경제 지표라고 믿지만(제9장 참조), 고수익 스프레드는 전체 주식 시장의 수익률을 예측하는 능력이 없습니다. 고수익 스프레드가 낮을 때(확장 국면) 주식의 수익률이 일반적으로 더 높고, 고수익 스프레드가 높을 때(수축 국면) 주식 수익률이 더 낮다고만은 말할 수는 없습니다(그림 13.3 참조).

전체적인 시장 수익률은 예측하기 어려울 수 있으나, 앞서 논의한 일부 요인들은 더욱 높은 수익성을 보이는 경향이 있습니다. 예를 들어 모멘텀 전략은 평온한 확장 국면(고수익 스프레드가 낮은 경우)에서 더

● 그림 13.3 : 1개월 예상 주식 절편 수익률과 고수익 스프레드 수준

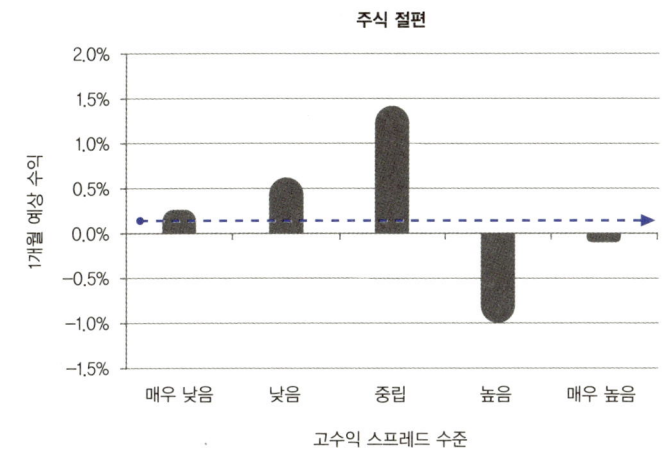

출처: Capital IQ, Verdad Research

● 그림 13.4 : 1개월 예상 주식 모멘텀 수익률과 고수익 스프레드 수준

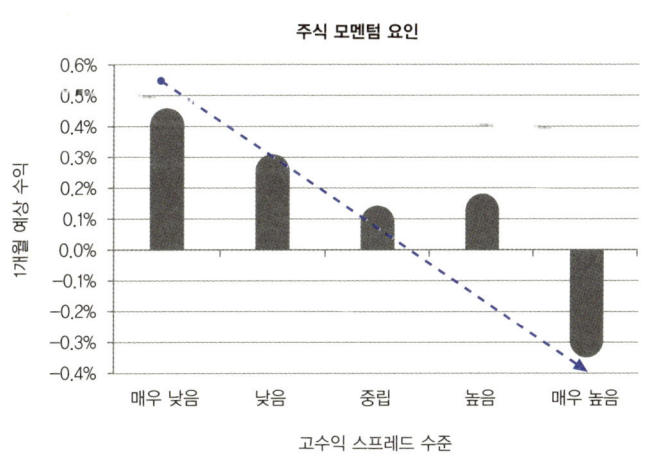

출처: Capital IQ, Verdad Research

유효하지만, 변동성이 큰 시장환경(고수익 스프레드가 높은 경우)에서는 성과가 저조할 수 있습니다(그림 13.4 참고).

이는 앞서 설명한 위기 투자 전략을 설명하는 데 도움이 됩니다. 고수익 스프레드가 매우 클 때, 엄청난 역전이 벌어지는 경향이 있습니다. 즉 가장 싸게 거래되는, 가장 큰 타격을 입은 자산들이 극적으로 반등하며 다른 시장을 크게 초월하는 수익을 달성합니다.

마찬가지로 경제에 더 민감한 소규모 기업들은 투자자들이 경제에 대해 더 낙관적일 때(고수익 스프레드 감소) 크고 안정적인 기업보다 더 좋은 성과를 내고, 반대로 투자자들이 경제에 대해 더 우려할 때(고수익 스프레드 상승)는 더 나쁜 성과를 보일 가능성이 큽니다(그림 13.5 참조).

● 그림 13.5 : 1개월 예상 주식 수익률과 고수익 스프레드 추세

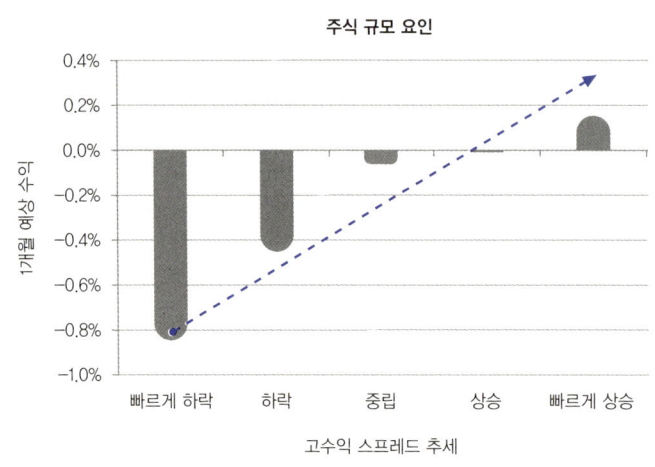

출처: Capital IQ, Verdad Research
참고: 규모 요인은 대기업 대비 소기업의 프리미엄을 나타낸다.

이는 제11장에서 설명한 위기 투자 전략과도 일치합니다. 경제가 회복되기 시작하면서 스프레드는 위기 절정에서 가장 빠르게 떨어지고, 이는 소형주에 아주 큰 이익이 됩니다.

일반적으로 경제적 논리에 기반한 입증된 전략은 추측이나 투기에 기반한 전략보다 더 예측성이 커야 합니다. 간단히 말해 특정 지역이나 부문이 미래에 더 나은 성과를 낼 것이라는 기계적 설명은 존재하지 않습니다. 그러나 소형주가 경제 확장기에 더 나은 성과를 내는 이유에 대한 기계적 설명은 가능합니다. 소형주는 한계 경제 행위자로서, 긍정적인 놀라움으로 인해 가장 큰 혜택을 볼 수 있기 때문입니다. 우리는 투자자로서 합리적인 수준의 정확도로 무엇이 예측 가능하고, 무엇이 그렇지 않은지 평가하면서 정직하고 겸손해야 합니다.

우리는 앞서 변동성과 상관관계 모두의 자기 상관적 특성에 대해 논의한 바 있습니다. 시간이 지나도 이러한 변수들은 지속하는 특성이 있으므로, 우리는 미래의 변동성과 어떤 상관관계가 있을지 합리적인 예측을 할 수 있습니다.

대부분 미래 수익률이 불확실함에도, 투자자들이 예측할 수 있는 자산군과 요인이 존재합니다. 그림 13.6과 그림 13.7은 유가의 향후 1개월 수익률과 주식/채권 상관관계 추세(주식/채권 상관관계 변화), 그리고 미국 국채의 향후 1개월 수익률과 수익률 곡선 수준(미국 국채 수익률 곡선의 기울기) 사이에 대부분 선형적인 관계가 있음을 보여줍니다.

주식/채권 상관관계 상승은 인플레이션에 대한 우려가 커지는 시기에 주로 발생하는 경향이 있으며, 이러한 시기에는 제2장에서 논

● 그림 13.6 : 1개월 예상 유가 수익률 대비 주식/채권 상관관계 추세

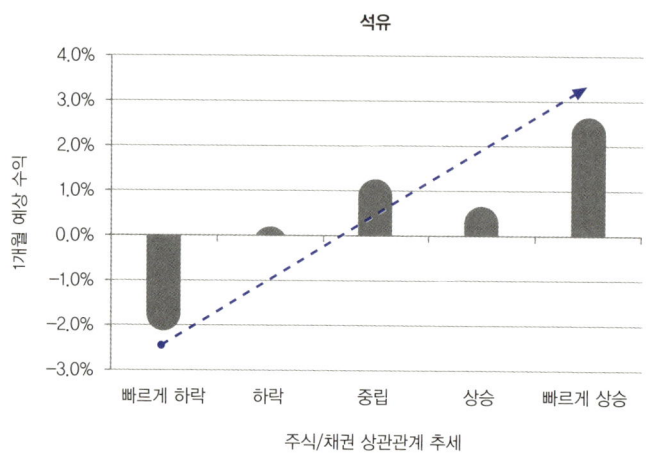

출처: Capital IQ, Verdad Research

의한 바와 같이, 유가가 훌륭한 인플레이션 헤지 수단이 됩니다.

    미국 국채는 미국 국채 수익률 곡선의 수준과 유사하게 선형적인 관계를 맺으며, 여기서 수익률 곡선의 수준은 미국 국채 수익률 곡선의 기울기를 나타냅니다. 수익률 곡선은 보통 우상향 기울기를 가지며, 이는 만기가 긴 채권이 만기가 짧은 채권보다 수익률이 더 높다는 의미입니다. 이자율 곡선이 역전되면, 만기가 긴 채권이 만기가 짧은 채권보다 수익률이 더 낮습니다.

    일반적으로 투자자들은 대출 기간이 길어질수록 불확실성이 증가하기 때문에 더 높은 수익률을 요구하는데, 이것이 수익률 곡선이 보통 우상향하는 이유입니다.

그러나 수익률 곡선이 역전되는 경우, 이는 투자자들이 단기 금리가 빠르게 하락할 것으로 예상한다는 것을 의미하는데, 이는 대개 경제가 약화되어 연준(Fed)이 조치를 취해야 하는 상황이 되기 때문입니다. 이러한 수익률 역전은 종종 금리의 불확실성과 변동성을 동반하며, 투자자들이 만기가 짧은 쪽으로 몰리면서 미국 장기 국채의 총수익률이 더 낮아지게 만듭니다.

한편 수익률 곡선이 가파르게 우상향하는 경우, 이는 채권 보유자들이 장기 대출에 대해 높은 쿠폰을 받을 수 있음을 의미하고, 금리 충격에 의한 수익률 하락은 장기채권 가격을 급등하게 합니다.

우리는 이러한 관계를 그림 13.7에서 명확히 볼 수 있습니다.

● 그림 13.7: 미국 국채 1개월 예상 수익률과 수익률 곡선 수준

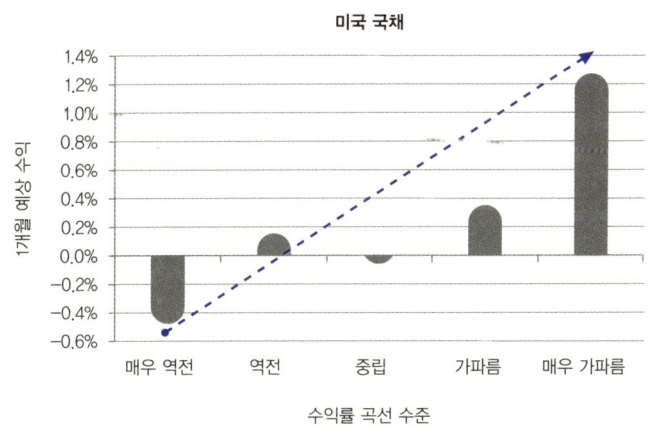

출처: Capital IQ, Verdad Research

이미 다룬 바와 같이 전체 주식 시장의 방향을 예측하는 것은 불가능합니다. 주식 시장의 수익률은 무작위로 움직이기 때문입니다. 이는 또한 주식의 지역 및 부문 프리미엄에도 마찬가지로 적용됩니다.

그러나 주식의 규모 요인, 모멘텀 요인, 유가, 그리고 미국 국채의 수익률은 당시의 거시경제적 상황에 따라 크게 좌우됩니다. 우리가 직면할 가능성이 있는 상황이나 체제를 파악하는 데 단서가 될 수 있는 거시 경제지표를 활용함으로써, 우리는 더 높은 수익률이 예상되는 자산으로 자산 배분을 늘리고, 더 낮은 수익률이 예상되는 자산 배분은 줄일 수 있습니다.

제 연구에 따르면 스타일 요인(절편 포함) 13개, 지역 요인 4개, 부문 요인 12개 중 약 17%가 예측 가능하다는 것을 알았습니다.

분산 투자 자산군(상품 및 통화) 10개 자산 중에서는 유가, 미국 국채, 회사채가 예측 가능합니다.

예측 우위가 없는 요인과 자산의 경우, 단순히 장기 평균을 사용하는 것이 괜찮은 결과를 내는 경향이 있습니다. 예측 가능한 요인과 자산의 경우, 그 우위는 매우 미미합니다.

제 연구에 따르면 예측 가능성 회귀 분석의 결정 계수(R-squared)는 1%에서 10% 사이로 나타나며, 이는 예측 가능한 자산의 수익률 변동성 중 1%에서 10%만을 설명할 수 있음을 의미합니다. 그러나 이러한 작은 우위도 장기간 반복 활용하면 의미 있는 초과 성과를 창출할 수 있습니다.

또한 여기서 결정 계수값이 낮더라도, 특히 위기 시기에는 예측 가능성이 상당히 커지는 순간들이 있으며, 이러한 시기에는 타이밍 전략을 통해 얻을 수 있는 수익 기여도가 매우 커질 수 있다는 점도 주목할 만합니다.

요약하면 타이밍 전략은 투자자들이 신속하게 노출을 변경할 수 있게 해줍니다. 변동성과 상관관계를 예측함으로써, 투자자들은 포트폴리오의 변동성과 주식 시장과의 상관관계를 줄일 수 있으며, 예측 우위를 가질 수 있는 몇몇 경우 수익률을 예측함으로써 투자 수익을 크게 개선할 수 있습니다.

요즘 연구하고 있는 것

거래 가능한 금융 자산의 범위는 매우 방대합니다. 거래 가능한 주식과 회사채는 약 20,000개, 거래 가능한 주요 상품과 통화는 수십 개입니다. 주식과 채권을 스타일 및 지역 노출 관점에서 본다면, 주식의 성과를 설명하는 요인이 약 40개, 회사채의 성과를 설명하는 요인이 약 10개가 있습니다.

따라서 수익률, 변동성, 상관관계를 효과적으로 예측하여 최적의 포트폴리오를 구성하려면 약 70개의 서로 다른 요인들과 자산군들을 분석해야 합니다. 이는 예상 수익률, 변동성, 상관관계가 시간이 지남에 따라 모두 많이 변한다는 점을 고려한 것입니다.

70개의 예상 수익률을 예측하고, 70개의 변동성을 예측하여 이들의 70x70 상관관계 행렬을 생성해서 이를 포트폴리오로 압축하는 작업은 사람이 수작업으로는 결코 실행할 수 없는 일입니다. 이는 분명 충분한 계산 능력과 메모리를 갖춘 컴퓨터만이 할 수 있는 작업이며, 특히 이러한 분석을 자주 실행해야 하면 더욱 그렇습니다.

그래서 요즘 제가 하는 일은 제 연구에서 발견한 모든 이론, 전략, 규칙을 소프트웨어로 변환하고, 그 아이디어들을 효과적으로 실행할 수 있는 프로그램을 설계하는 것입니다. 이를 통해 인간이 할 수 있는 것보다 훨씬 더 많은 정보를 처리하고, 훨씬 더 많은 계산을 수행할 수 있도록 하려는 것입니다.

지금까지 제가 구축한 모형들은 저의 이전 연구에서 예상할 수 있듯이 변동성과 상관관계를 예측하는 데 매우 뛰어나지만, 예상 수익률을 예측하는 것은 장기 평균을 사용하는 것과 비교했을 때 형편없습니다.

그러나 변동성과 상관관계를 더 정확하게 예측함으로써 같은 예상 수익률을 더 낮은 변동성으로 달성할 수 있다면, 변동성 손실(drag)의 감소로 인해 시간이 지남에 따라 더 높은 복합 수익률을 얻게 될 것입니다. 그리고 제가 설계한 프로그램들은 순전히 주식이나 채권 베타보다는 스타일 요인과 상품에서 훨씬 더 큰 비중의 수익을 창출하는 경향이 있음을 알았습니다. 이는 이 프로그램들이 전통적인 포트폴리오와 상관관계가 더 낮다는 것을 의미합니다.

저의 목표는 주식 벤치마크보다 변동성은 더 낮으면서도 수익은 초과 달성하는 포트폴리오를 만드는 것입니다. 이 접근법의 기본적인 생각은 더 높은 수익률, 더 낮은 변동성, 그리고 낮은 상관관계를 달성하기 위해 과학적 방법을 적용하는 것입니다. 몇 년 후, 저는 아마도 현재 연구에서 얻은 교훈을 요약한 또 다른 책을 집필할지도 모릅니다.

후기

대학교에서 역사와 문학을 공부했습니다. 경제학 과목은 거의 듣지 않았고 회계나 재무 관련 과목도 전혀 듣지 않았습니다. 졸업 후 무엇을 할지 확신이 서지 않았습니다. 변호사인 제 아버지는 이런 최선의 조언을 해주었습니다.

"나는 법학 전문대학원에서 최상위권이었다. 하위권 학생들은 비즈니스로 진출했다. 그들은 대체로 덜 일 하고, 더 많은 돈을 벌고, 더 일찍 은퇴했다. 너는 일한 시간이 아니라 네가 한 의사결정에 따라 보수를 받는 일을 했으면 한다."

아버지의 조언은 저에게 와닿았고, 저는 다양한 투자 직무에 지원했습니다. 결국 저는 브리지워터 어소시에이츠(Bridgewater Associates)에서 인턴으로 일하게 되었고, 그 후 베인 캐피털 프라이빗 에쿼티(Bain Capital Private Equity)에서 정직원으로 일하게 되었습니다.

이 분야에 처음 발을 들였을 때, 저는 저 자신의 무지함을 뼈저리게 깨닫고 있었습니다. 다행히도 당시 비즈니스 스쿨을 막 졸업한 제 여동생이 투자와 관련된 책 목록을 저에게 주었습니다. 그 목록에는 『무작정 걷는 월가(A Random Walk Down Wall Street)』부터 『다모다란의 가치평가(Damodaran on Valuation)』까지 다양한 책이 포함되어 있었습니다. 저는 대학 마지막 학기와 직장 생활 첫해 동안, 이 책들을 꼼꼼히 읽었고, 이어서 그 책들이 참고한 학술 재무 논문들까지 탐독했습니다.

하지만 이 모든 독서는 제 업무 능력을 향상하기보다는 오히려 혼란스럽게 만들었습니다. 저는 깨어 있는 모든 시간을 엑셀에서 여러 개의 탭으로 이루어진 복잡한 현금흐름할인모형을 만들고, 다양한 사업 부문의 향후 몇 년간의 매출과 이익을 자세히 예측하여 예상 거래의 내부수익률(IRR)을 계산하는 데 보냈습니다.

하지만 시장은 효율적인데 주가는 무작위로 움직인다고 하지 않았는가! 저는 『전문가의 정치적 판단(Expert Political Judgment)』이라는 책을 읽었기 때문에 어느 정도로 정확하게 예측을 한다는 것이 엄청나게 어렵다는 것을 알고 있었습니다. 그러던 중 루이스 챈(Louis Chan)의 중요한 논문 「성장률의 수준과 지속성(The Level and Persistence of Growth Rates)」을 읽었을 때 더욱 의구심이 커졌습니다. 그 논문은 기업 이익 증가율은 전혀 예측할 수 없다는 점을 명확히 보여주고 있었습니다.

제가 읽은 것들은 저를 급진적인 회의론으로 이끌었습니다. 저는 미래는 전혀 예측할 수 없으며, 투자에서 무엇인가를 아는 데는 엄청난 양의 데이터가 필요하다는 것을 새로운 출발점으로 삼게 되었습니다.

저는 이렇게 말하곤 했습니다. "내가 신앙으로 믿는 그것은 단 하나, 우리 주 예수 그리스도의 부활뿐이다. 그 외의 모든 것에 대해서는 증거를 보고 싶다".

함께 일하거나 대화를 나눈 투자자들 대부분은 불확실성을 철저한 실사를 통해 극복해야 할 대상으로 보았지만, 저는 불확실성을 우리가 활동하는 환경에 만연해 있는 지배적인 특성으로 보게 되었습니다. 나심 탈레브(Nassim Taleb)의 말을 빌리자면 우리가 '무작위성에 속고 있다'는 것이 두려웠습니다.

저는 개종자(改宗者)의 열정을 가지고 있었습니다. 회사의 실적을 모형화해 달라는 요청을 받으면, GDP 성장률을 가정하거나 몬테칼로 시뮬레이션을 실행하고 그 이상으로 정확한 것은 거부했습니다. 저는 진입(시작) 가치평가에 대해 광적으로 집착하게 되었습니다. 지급한 가격이 낮을수록 수익을 내는 데 필요한 조건이 줄어들고, 잠재적인 미래 시나리오 중 이익을 가져오는 비율이 높아집니다.

저는 투자에서의 겸손을 열정적으로 옹호하면서 고집스럽고 고압적으로 되었습니다. 제가 새로 발견한 이 견해가 저를 형편없는 직원으로 만들었다는 사실을 깨달은 사람은 제가 처음은 아닐 것입니다. 해서 저는 투자회사를 설립했고, 깊이 있는 실증 연구와 증거에 기반한 전략을 구축하기로 하였습니다.

제가 버데드 어드바이저스(Verdad Advisers)를 설립한 지 10년이 되었고, 그동안 대학교를 졸업하고 금융업계에 입문할 때 처음 가졌던 열린 마음으로 시장에 접근하는 노력을 계속해왔습니다. 즉 끊임없이 읽고, 조사하고, 시험하며, 시장이 어떻게 작동하고, 시장의 기복을 어떻게 잘 헤쳐나갈 수 있을지 해독하려 노력했습니다.

또한 저는 버데드(Verdad)의 주간 연구(Weekly Research) 블로그를 통해 투자에 관한 정확하고 유익한 이해의 개발을 위한 저의 수년간의 노력을 기록하고 업데이트하면서 제 연구 결과를 공유하려고 노력했습니다.

이 책은 저의 버데드 경영의 첫 10년의 결정체로, 제 배움의 총합이자, 시장 작동 방식에 대한 저의 최선의 이해를 요약한 것입니다. 제가 어떤 비밀이나 연금술적 공식을 발견한 것은 아닙니다. 어차피 시장은 너무나 경쟁적이고, 무작위적이고, 변동적이어서 그런 어떤 비밀이나 공식도 지속적인 효과를 발휘할 수는 없습니다.

하지만 저는 이러한 핵심 아이디어의 힘을 믿습니다. 미래는 예측 불가능하고, 시장은 과하게 변동적이지만, 우리는 이런 모든 소음 속에서도, 역사에 대한 깊이 있는 실증적 연구를 통해, 시간과 시장 주기와 상관없이 주식, 채권, 상품, 통화에 투자했을 때 효과가 있었고, 앞으로도 계속 효과가 있을 것 같은 패턴을 찾을 수 있다는 것입니다.

그리고 제가 배운 가장 큰 교훈은 아마도 겸손의 중요성일 것입니다. 변동성이 크고 끊임없이 변화하는 시장을 대하는 가장 좋은 태도는 영원한 학생의 자세입니다.

감사의 말

먼저 버데드 어드바이저스 팀에게 감사의 말씀을 전하고 싶습니다. 이 책은 수년간 제 동료들의 큰 노력과 심층 연구를 바탕으로 만들어졌습니다. 그들의 통찰은 무수히 많은 방법으로 이 책에 영향을 미쳤습니다.

브라이언 친고노(Brian Chingono)는 처음부터 저와 함께 소형주 가치 연구를 해왔으며, 그가 연구한 디레버리징, 가치 프리미엄, 그리고 요인에 관한 정량적 연구는 제 사고의 중요한 일부가 되었습니다. 채권에 대한 저의 지식은 전부 그렉 오벤샤인(Greg Obenshain)이 가르쳐 준 것이며, 이는 채권 시장에 대해 그가 알고 있는 지식 일부에 불과합니다. 크리스 새터웨이트(Chris Satterthwaite)는 제가 위기 투자 아이디어를 개발하는 데 중요한 역할을 했을 뿐만 아니라, 다중자산 포트폴리오 및 위험 관리에 관한 최첨단 연구를 하고 있습니다. 그레이엄 인핑거(Graham Infinger)와 샘 핸슨(Sam Hanson)은 이 책의 초고를 읽고 훌륭한 피드백을 주었습니다. 또한 이 책을 준비하며 제 생각을 정리하는 데 도움을 준 많은 재능 있는 인턴들의 노고에도 감사하고, 특히 찰스 뢰머(Charles Roemer)에게 감사드립니다.

두 번째로 이 책의 출판에 관여한 모든 분께 감사의 말씀을 전하고 싶습니다. 크레이그 피어스(Craig Pearce)는 COVID 훨씬 이전에 저를 찾아와 이 책을 쓰도록 격려해 주었습니다. 그는 훌륭한 편집자입니다. 이 책이 출판될 수 있도록 도와준 그와 그의 해리먼 하우스(Harriman House) 팀에게 감사드립니다. 조 플러드(Joe Flood)와 그의 N2 커뮤니케이션즈(Communications)팀은 개념과 구성에서부터 세부 편집까지 쭉 도움을 주셨으며, 그들의 훌륭한 아이디어와 철저한 편집 덕분에 이 책을 완성할 수 있었습니다.

또한 제 에이전트인 레리 와이즈먼(Larry Weissman)은 출판계에 대한 현명한 통찰력을 제공하고, 이 책이 출판될 수 있도록 잘 이끌어 주었습니다. 그리고 오래전 알파노믹스(Alphanomics)에서 저를 이 길로 인도해준 찰스 리(Charles Lee)에게도 감사드립니다.

이 책은 수요일 아침 사무실로 가는 길에 제 친구이자 멘토인 짐 스톤(Jim Stone)과 함께 나눈 다양한 대화를 통해 그 구도가 잡혔습니다. 또한 지난 몇 년 동안 정량적 투자에 대해 많은 대화를 나눈 조지 엠비리코스(George Embiricos)에게도 감사의 빚을 지고 있습니다.

마지막으로 제 가족에게 감사의 말을 전하고 싶습니다. 어머니는 저의 조기 독서 사랑을 격려해 주셨습니다. 아버지는 제가 고등학교

겸손한 투자자

초판 1쇄 인쇄 · 2025년 6월 20일
초판 1쇄 발행 · 2025년 7월 15일

지은이 · 다니엘 라스무센
옮긴이 · 최용석
펴낸이 · 이종문(李從聞)
펴낸곳 · 국일증권경제연구소

등　록 · 제406-2005 000029호
주　소 · 경기도 파주시 광인사길 121 파주출판문화정보산업단지(문발동)
영업부 · Tel 031)955-6050 | Fax 031)955-6051
편집부 · Tel 031)955-6070 | Fax 031)955-6071

평생전화번호 · 0502-237-9101~3

홈페이지 · www.ekugil.com
블 로 그 · blog.naver.com/kugilmedia
페이스북 · www.facebook.com/kugilmedia
E-mail · kugil@ekugil.com

· 값은 표지 뒷면에 표기되어 있습니다.
· 잘못된 책은 구입하신 서점에서 바꿔드립니다.

ISBN 978-89-5782-246-3 (03320)

시절에 쓴 모든 글을 편집해 주셨습니다. 형인 윌리(Willy)는 저널리즘을 소개해 주었고, 읽기 쉽고 매력적인 문체로 글을 쓰는 법을 가르쳐주었습니다. 누나 리사(Lisa)는 처음으로 투자에 관한 책을 주었고, 이후 투자 관련 모든 주제에 대해 최고의 의견을 주셨습니다. 남동생 롭(Rob)은 저와 함께 기업가의 길을 걷고 있으며, 그와 함께 사업을 키워가는 과정은 정말 즐거운 경험이었습니다. 아내인 힐러리(Hilary)는 제가 하는 모든 일의 동반자입니다. 그녀의 사랑, 그녀의 연민, 그리고 그녀의 지성은 제 인생의 원동력이 되어왔습니다. 멋진 자녀들인 아담(Adam), 밀리즈(Miles), 제인(Jane)은 제 영감의 원천이며, 제가 하는 모든 일은 그들과 그들의 미래를 위한 것입니다.